SYMBOLE DES JUDENTUMS

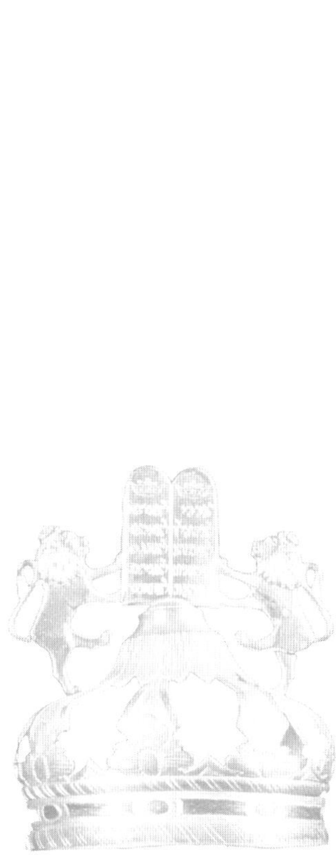

Genehmigte Lizenzausgabe
für Weltbild Verlag GmbH, Augsburg 1999

Umschlaggestaltung: Studio Höpfner-Thoma, München
Umschlagmotiv: AKG, Berlin
Gesamtherstellung: Druckerei Appl, Wemding
Printed in Germany
ISBN 3-8289-4824-3

SYMBOLE DES JUDENTUMS

Text von Marc-Alain Ouaknin
Photographien von Laziz Hamani
Übersetzt von Daniel Krochmalnik

Bechtermünz Verlag

Vorwort

Für Dory

Von Jerusalem bis Bombay, von Montreal bis Johannesburg über London und Paris, von New York bis Damaskus über Fes, Meknes und Marrakesch, von Barcelona bis Taschkent über Oran, Algier, Tunis, Djerba oder Saloniki haben die Juden der ganzen Welt die gleichen Bräuche, begehen die gleichen Feste, lesen und studieren die gleichen Texte, teilen das gleiche Gedächtnis, die gleiche Geschichte und die gleichen Gefühle.

Die Juden der ganzen Welt haben trotz der kulturellen Vielfalt der Länder, in denen sie leben, etwas gemeinsam: das Judentum.

Wir bieten hier eine Reise in das Innere des Judentums, eine Reise in Bildern an. Eine Reise in Begleitung eines Kommentars, der die grundlegenden Aspekte des Judentums, seine Riten und seine Symbole verständlich machen und vertiefen wird.

In allen Zivilisationen und Kulturen gibt es Riten und Symbole. Sie sind die Säulen des materiellen, intellektuellen und spirituellen Gemeinschaftslebens. Jede Gesellschaft hat ihre eigenen Riten, ihre eigene Art, Raum und Zeit einzunehmen, das Heilige und das Profane zu erleben, ihre eigene Art zu essen und zu trinken, zu wohnen und sich zu kleiden, zu sprechen, zu dichten, zu musizieren und zu malen, zu philosophieren und sich zu zerstreuen. Wenn man dauernd in der gleichen Gruppe lebt, übersieht man den rein rituellen Aspekt der gesellschaftlichen Einrichtungen. Der Ritus wird zu einer Gewohnheit, er wirft keine Fragen mehr auf. Die Kultur wird wieder Natur.

Den Ursprung von diesem oder jenem Brauch, von diesem Symbol oder jenem Verhalten hat man vergessen oder meistens nie gewußt. Aber die Frage, die man in bezug auf seine eigene Kultur nicht mehr stellt, meldet sich um so dringender, sobald man eine andere Gesellschaft, eine andere Lebensart betrachtet. Die Fremdheit beflügelt das Fragen und belebt das Denken: „Warum?", „Was hat das für einen Sinn und welchen Zweck?" All diese Fragen werden wir dem Judentum stellen. Alle Riten, alle Symbole, alle Eigentümlichkeiten werden vorgestellt, untersucht und erläutert.

Für eine gute Beobachtung bedurfte es eines unbefangenen Blicks, der sich nicht scheut, Fragen zu stellen und das Fremde und Fremdartige wahrzunehmen. Dazu hatte der Verleger Prosper Assouline die hervorragende Idee, einen sehr begabten Photographen anzusprechen, der das Judentum nicht kannte: Laziz Hamani, der in Frankreich in einem moslemischen Elternhaus zur Welt kam. Mit ihm haben wir mehrere Monate in Paris und Jerusalem in Synagogen und in der Nähe von jüdischen Zeremonialgegenständen zugebracht.

Diese Erfahrung war mehr als ein Dialog. Ihre Früchte waren die Freundschaft einer Arbeitsgemeinschaft, und dieses Buch, das, wie wir hoffen, über seinen Inhalt hinaus, auch die Freude übertragen wird, die wir beim Schreiben empfanden. (1)

(1) Bei der Transkription der hebräischen Wörter haben wir uns so gut es ging an den Grundsatz gehalten: „Umschreibe, wie du sprichst."

EINLEITUNG

DER RITUS UND DER MYTHOS: DER RHYTHMUS

I. DER MYTHOS: EIN IDENTITÄTSSTIFTENDES WORT

Das jüdische Volk ist ein Volk des Gedächtnisses. Ein Gedächtnis, das sich nicht auf die Erinnerung an die *Schoa* oder an die großen Leiden Israels beschränkt, sondern die Gesamtheit der wirklichen oder vorgestellten Ereignisse umfaßt, denen wir unser gegenwärtiges Dasein verdanken. Im Gedächtnis sind unsere Wurzeln; der Baum des Lebens kann ohne sie weder bestehen noch Früchte bringen.

Das kollektive Gedächtnis des jüdischen Volkes hat sich in der Bibel schriftlich niedergeschlagen: in den fünf Büchern Mose, den Propheten und den Schriften. Es wird auch durch mündliche Traditionen von Generation zu Generation überliefert, bis sich auch diese schließlich in verschiedenen Sammlungen, dem sogenannten *Midrasch*, schriftlich niederschlagen. Diese Erzählungen errichten, um Grundwerte herum, eine Identität, die sich dem Bewußtsein jedes Lesers und Hörers einprägen.

Die erzählten Ereignisse werden nicht als geschichtliche, sondern als mythische Ereignisse erlebt. Deshalb ist das Ereignis nicht mehr datierbar, vielmehr reicht seine Bedeutsamkeit über alle Zeitgrenzen hinaus. Es ist jene Bedeutung, die die Tatsachen hatten, als sie sich nach dem Bericht des Mythos ereignet haben; es ist aber auch die Bedeutung, die sie jedesmal hatten, haben und haben werden wenn sie aufs neue von den vergangenen, gegenwärtigen und zukünftigen Geschlechtern erlebt werden. In diesem Zusammenhang ist die kritische Frage: „Hat dieses Ereignis wirklich so stattgefunden, wie es uns die Erzählung berichtet?“, oder selbst: „Hat es wirklich stattgefunden?“, eine dumme Frage. Denn der Mythos ist nicht die „Erzählung eines wahren Ereignisses“, sondern die „wahre Erzählung eines Ereignisses“. Wenn diese „wahre Erzählung“ von der ganzen Gruppe angenommen wird, dann wird sie Bestandteil ihres Gedächtnisses. Dieses Gedächtnis kann „narratives Gedächtnis“ genannt werden. Es sind individuelle und kollektive Worte, die das Stammesgefühl der Gruppe kräftigen, identitätsstiftende Worte also. Das ist der genaue Sinn dessen, was man Mythos nennt.

Der Mythos wird auf unterschiedliche Weise überliefert. Zunächst mündlich: von Generation zu Generation wird die Geschichte weitererzählt, abends um das Lagerfeuer, oder im Schatten eines Baumes, wo sich das Dorf versammelt hat, um dem Ahn zu lauschen, dem Weisen, der die Tradition empfangen hat. Im Nachbardorf wird dieselbe Geschichte mit kleinen Abweichungen erzählt. Einiges wird hinzugefügt oder weggelassen, die handelnden Personen sind schöner oder häßlicher, freundlicher oder bösartiger, die Handlung kann auch eine andere Richtung einschlagen, die Geschichte wird manchmal zu einer ganz anderen Geschichte. Es gibt also mehrere Versionen des gleichen Ereignisses. Und es kommt vor, daß sie widersprüchlich sind. Aber Widersprüche erschrecken den Mythos nicht. Wie in den Märchen, die unter vielen Rücksichten dem Mythos und seiner Funktion verwandt sind, gibt es eine Vielfalt von Versionen. So gibt es zum Beispiel dreihundertfünfundvierzig verschiedene Versionen der Geschichte vom Aschenbrödel. (1) Alle Versionen des gleichen Mythos sind verschiedene Seiten, unterschiedliche Wahrnehmungen des gleichen Ereignisses. Die einen erleben es in emotionaler Weise, die anderen auf einer ästhetischen Ebene, wieder andere behalten den ethischen, philosophischen oder poetischen Aspekt.

Die Bearbeitung der mündlichen Erzählung hört nie auf. Von einem bestimmten Zeitpunkt an kommt aber hinzu, daß der Mythos niedergeschrieben wird. Es entsteht das „textuelle Gedächtnis". Der Text gehört jetzt ohne Unterschied der ganzen Gemeinschaft. Einen Text schreiben heißt, die Mitteilung in die Mitte der Gemeinschaft zu stellen und sie offen der ganzen Gruppe zugänglich zu machen. Die Stärke der großen Texte besteht darin, in der Schrift die Mannigfaltigkeit der Zugänge und der Tonarten der früheren mündlichen Versionen zu erhalten. Der Bibel wird die Fähigkeit dieser Dialektik von Einheit und Vielfalt zugeschrieben. Ein Text und viele Harmonien, ein unendliches Rauschen des Sinns.

Das „textuelle Gedächtnis", die zweite Art der Überlieferung, nehmen sich die Leser in den Auslegungen wieder vor; sie versuchen, in der Einheit des Textes die Vielfalt der früheren Versionen wiederzufinden. Diese Auslegungen, die mehrere Geschichten aus einer zugrundeliegenden Geschichte entstehen lassen, heißen in der jüdischen Tradition *Midrasch*. (2) Schematisch treffender aber ließe sich sagen, daß die Arbeit der Meister des *Talmuds* und des *Midraschs*, die mehrere Dutzende Jahrhunderte nach der Entstehung der mündlichen Erzählungen und ihrer biblischen Version aufgetreten sind, darin bestand, in den Feinheiten des Textes, zwischen den Buchstaben und Zeilen, die Mannigfaltigkeit der Lesarten wiederzufinden, die vor dem Text lagen: Sie sind gewissermaßen Archäologen des Sinns! Die Meister des *Talmud* waren bei vollem Verstand, als sie den *Midrasch* schufen; sie wußten immer, daß ihre Auslegungen und Geschichten Möglichkeiten, nicht Wahrheiten sind, daß sie ein Produkt der schöpferischen Einbildungskraft, nicht der historischen Forschung sind. Im *Midrasch* gibt es ein Verhältnis zur Tradition, das kein Hindernis für die Kreativität ist.

Das mythische Gedächtnis, das die Identität der Gruppe begründet, wird im *Midrasch* zu einem dynamischen, eher zukunfts- als vergangenheitsorientierten Gedächtnis. Der *Midrasch* ist die ständige Erneuerung des Mythos und somit die ständige Erneuerung der Daseinskräfte, die die Menschlichkeit des Menschen begründen und es ihm ermöglichen, sich ständig über sich selbst hinaus zu erfinden. Der *Midrasch* ist das „Gedächtnis der Zukunft". Ein Gedächtnis, das uns daran erinnert, was wir sein sollen, und daß wir die reine Passivität der Tradition nicht hinnehmen können. Wie Martin Buber so schön sagt: „Tradition ist edelste Freiheit dem Geschlechte, das sie hell und sinnvoll lebt, aber elendste Sklaverei den Erbgewohnten, die sie zäh und träge übernehmen." (3) Der *Midrasch* versucht nicht, die Geschichte so zu erzählen, wie sie wirklich vorgefallen ist, sondern eine Grundform fundamentaler Ereignisse zu entwerfen, deren Folgen sich im Abstand von Jahrhunderten auswirken werden.

In den Geschichten, die die Bibel berichtet und der *Midrasch* verarbeitet, erkennen sich die Juden wieder und empfangen nach dem schönen Ausdruck von Paul Ricoeur eine „narrative Identität". Im biblischen Text werden eine Reihe von Geschichten und Erzählungen wiedergegeben, die wir Mythen im Sinne von identitätsstiftenden Worten genannt haben. Diese narrative Dimension der Bibel heißt auf hebräisch *Haggada*, wie jene Erzählung, die zum *Seder* am Abend von *Pessach* vorgelesen wird: hier zeigt sich eine grundlegende Verknüpfung von Mythos und Ritus.

Bevor diese Verknüpfung untersucht wird, noch eine wichtige Bemerkung: Die Tatsache, daß der biblische Text auf hebräisch ist, ist ein wichtiger Trumpf. In dieser reinen Konsonantenschrift (d. h. Konsonanten ohne geschriebene Vokale), kann ein und dasselbe Wort mehrere Handlungen oder Dinge bedeuten. Die hebräische Sprache gehört dem Unvollendeten an, und das Unvollendete hört nicht auf, sich zu vollenden. Das Wort wird Verheißung …

II. DER RITUS: EIN GESTISCHES GEDÄCHTNIS

Die dritte Art der Überlieferung des Mythos läuft über die mit Hilfe des Körpers und der Gestik konkretisierten und objektivierten Wiederholung: den Ritus. Der Ritus ist das „gestische Gedächtnis" des „narrativen" und „textuellen Gedächtnisses" des Mythos.

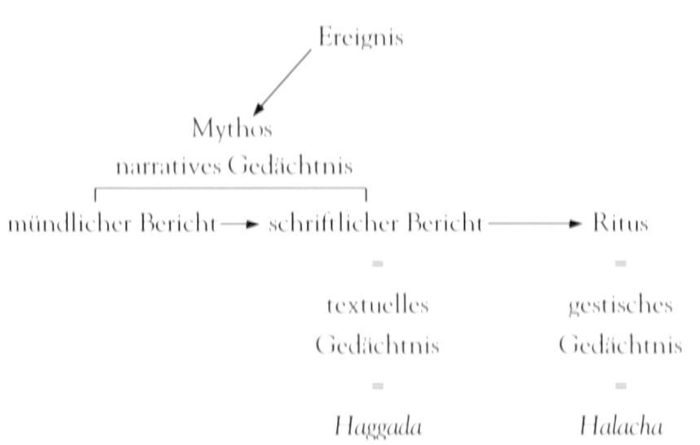

Im biblischen Text, später im *Talmud* und *Midrasch* gibt es keinen Mythos ohne Ritus und keinen Ritus ohne Mythos. Die Dialektik von Ritus und Mythos ist der Rhythmus des biblischen Lebens, später des Judentums. Der Ritus und der Mythos befruchten einander gegenseitig; durch wechselseitige Spannungen und ständige Überlagerungen sichern sie die Lebendigkeit der Gesetze, die Erneuerung der Gesetzgebung und der Erzählung im Judentum. Durch den Ritus verstärkt sich die „narrative Identität" in einem identitätsmäßigen Verhalten, das die symbolischen Grundlagen der Identität in der Tat darstellt. Der Ritus heißt auf hebräisch *Halacha*, der Mythos *Haggada* oder *Aggada*. Der biblische Text ist nicht nur der Ort, wo sich der Mythos ausspricht, sondern auch die Darstellung der Verknüpfung des Mythos und des entsprechenden Ritus.

Das vielleicht beste Beispiel ist die als *Kampf Jakobs mit dem Engel* bekannte Episode aus der Bibel. Während der Überquerung des Flusses Jabbok begegnete Jakob einem Engel, der ihn daran hinderte, überzusetzen. Jakob schlug sich tapfer und gewann die Oberhand. Der Engel bat Jakob, ihn gehen zu lassen. Jakob antwortete, er lasse ihn erst gehen, nachdem er seinen Segen bekommen hätte. Der Engel gab Jakob den Segen: „Nicht Jakob soll dein Name ferner sein, sondern Israel; denn du hast mit göttlichen Wesen und Menschen gekämpft und hast obsiegt." Ein Sieg, der den Weg zu einer „Mutation der Identität" öffnet, der uns lehrt, daß der Mensch nicht ist, sondern zu sein hat, daß sein Dasein ein Seinsollen ohne Ende ist. Wie der Dichter Roberto Juarroz sagt: „Der Mensch lebt nicht, er ersteht auf, bei jedem Schritt ersteht er auf." Und wie Erich Fromm lehrt: „Leben ist ein Prozeß ständigen Geborenwerdens." (4) Während des Kampfes wurde Jakob an der Hüfte getroffen und von da an hinkte er. Das Hinken und der Namenswechsel sind die Höhepunkte dieses Mythos. Jakob und Israel, Jakob ist Israel. Unaufhörliche Überschreitung von einem zum anderen: Hebräer. (5) Das ist die radikale Verweigerung, einer endgültigen Identität, die Verweigerung, aus sich selbst einen Fetisch zu machen. Eine hinkende Identität, ein Hinken, das ständig daran erinnert, daß der Versuchung widerstanden werden muß, die Wesen und die Dinge in das Gefängnis der Namen und Worte einzuschließen. Eine hinkende Identität, die den Menschen zur Infragestellung der Identität anhält, damit er sich daran erinnert, daß der Mensch „sich macht, indem er sich aufmacht", daß das Dasein ein „Dortsein" ist, irgendwo im Unvollendeten …

Gleich nach dem Segen des Engels fügt der biblische Text hinzu: „Darum essen die Kinder Israels nicht die Spannader *(Gid hanasche)*." So ist also dieser Speiseritus entstanden, er behält die Erzählung des „Kampfes Jakobs", seines Sieges und seines Hinkens im Gedächtnis.

Das „narrative Gedächtnis" wird also durch das „gestische Gedächtnis", den Ritus wiederbelebt. Jedesmal, wenn bei dem Fleischverzehr auf die Spannader verzichtet wird – heute auf das ganze Hinterteil des Tieres, um das Verbot nicht zu übertreten –, drücken wir gleichzeitig den Imperativ aus: Werde! Mache dich! Erfinde dich! „Deine Vollkommenheit besteht in deiner Vervollkommnung!" (André Néher). Für die Erschließung der Texte ist diese Dialektik von Mythos und Ritus außergewöhnlich fruchtbar und schöpferisch.

Wir können folgende methodische Regel formulieren: Jedesmal, wenn wir einen Ritus untersuchen, müssen wir seine erzählende Begründung suchen und umgekehrt. Der biblische Text ist in dieser Hinsicht von einer unvergleichlichen Originalität und Reichhaltigkeit. In diesem Geist stellen wir die jüdischen Riten vor. Wir haben aber noch andere Methoden und andere Themen ausgeführt und überlassen es jetzt dem Leser und dem Beschauer dieser großartigen Bilder, sie zu entdecken …

(1) Bruno Bettelheim: *Kinder brauchen Märchen*. München 1984, S. 286.
(2) Der *Midrasch* ist der Name dieser Deutungen, aber auch der Gattungsbegriff ihrer Sammlungen.
(3) Martin Buber: *Das Judentum und die Juden* (1911). *Reden über das Judentum*. In: *Der Jude und sein Judentum. Gesammelte Reden und Aufsätze*. Köln 1963, S. 10.
(4) Erich Fromm: *Psychologie und Werte* (1959). In: *Gesamtausgabe*, Bd. 9, München 1989, S. 359.
(5) Das Wort „Hebräer" kommt von der Wurzel „AWR", die „von einem Ufer zum anderen übergehen" bedeutet. Übergang und auch Fruchtbarkeit, da das Kind im Bauch seiner Mutter *Ubar* genannt wird.

KAPITEL 2

DER TALLIT

DER *TALLIT* IST EIN GEBETSSCHAL, DEN DIE JUDEN BEIM GEBET UND BEI VERSCHIEDENEN RELIGIÖSEN ZEREMONIEN TRAGEN

WIR WOLLEN DIESE REISE DURCH DIE SYMBOLIK DES JUDENTUMS MIT DEM *TALLIT*, DEM GEBETSSCHAL, BEGINNEN, DENN dem *Talmud* zufolge, kann man anhand dieses beispielhaften Ritus verstehen, wie die Riten im allgemeinen funktionieren: als Inschrift der lebendigen Sprache in den Stoff, insbesondere als Inschrift des Namens, der Namen Gottes in die Wirklichkeit der Dinge, so daß die Welt von den Schwingungen dieses Namens durchdrungen wird. (1)

Die Wörter sind nicht nur Mittel zur Bezeichnung, die auf die Dinge nur hinweisen. Sie sind auch das Leben der Dinge und unser Leben in den Dingen, sofern wir imstande sind, die Schwingungen des Lebens, die den Stoff durchdringen, zu vernehmen.

Diese Schwingung des Lebens ist für das Judentum, und insbesondere für die Meister der *Kabbala*, der Name Gottes selbst, das Tetragramm, das aus vier Konsonanten ohne Vokale gebildet wird. Er schreibt sich im Stoff der Welt ein. Davon ist der Ritus des *Tallit* eine beispielhafte Spur.

Der *Tallit* ist ein rechteckiger Schal, der aus jedem Stoff, üblicherweise aber aus Wolle, Leinen oder Seide, hergestellt werden kann. Er ist weiß und wird von schwarzen, blauen oder mehrfarbigen Streifen durchzogen.

Der *Tallit* muß vier Ecken haben, an denen die Schaufäden bzw. *Zizit* befestigt werden.

Im allgemeinen sollen die *Zizit* aus dem gleichen Stoff wie der *Tallit* sein. Ein *Tallit* aus Seide sollte zum Beispiel mit *Zizit* aus Seide, ein *Tallit* aus Leinen mit *Zizit* aus Leinen usw. ausgestattet sein. Aber es ist meistens Brauch, für jeden *Tallit*, gleichgültig aus welchem Stoff, *Zizit* aus Wolle zu verwenden.

Bevor man sich in den *Tallit* hüllt, spricht man den Segen: „Du bist Quelle des Segens, Herr unser Gott, König der Welt, der uns geheiligt durch seine Gebote und uns befohlen hat, uns in die *Zizit* zu hüllen."(2)

Manchmal ist oben auf dem *Tallit* der hebräische Segen eingestickt, so daß er gelesen werden kann. So erhält der Stoff seine eigentliche Bedeutung als Textur, als Text. Einige Kommentatoren (3) betrachten übrigens die schwarzen oder blauen Streifen als Zeilen auf einem weißen Blatt.

(1) Rabbi Nathan von Nemirow: *Likkute Halachot*. Kapitel über den Tallit

(2) Wir folgen der eigenwilligen Übersetzung des Verfassers (Anm. d. Übers.)

(3) *Babylonischer Talmud*, *Traktate Menachot* 43b, *Nedarim* 25a, *Schewuot* 29a.

KAPITEL 3

DIE ZIZIT

DIE *ZIZIT* SIND DIE SCHAUFÄDEN, DIE AN DEN VIER ECKEN DES *TALLIT* HÄNGEN

EINEN RITUS AUSÜBEN, DAS HEISST ERST EINMAL, DEN GÖTTLICHEN NAMEN IM STOFF DER UNS UMGEBENDEN WIRKLICHKEIT LESEN ZU KÖNNEN. DAS verwirklicht in erster Linie der Ritus des *Tallit* und der *Zizit*. Er besteht darin, ein viereckiges Gewand zu tragen, an dessen Enden vier Fäden hängen, die so geknüpft werden, daß die Anzahl der Knoten und Umwicklungen der Zahl nach dem Gottesnamen entsprechen. Es gibt zwei verschiedene Traditionen, die *Zizit* zu knüpfen: Die erste trägt den vierbuchstabigen Gottesnamen JHWH in seiner einfachen Form in den Stoff ein. Wir müssen erst einmal feststellen, daß es auf hebräisch eine Entsprechung zwischen Buchstaben und Zahlen gibt. Den Buchstaben des Gottesnamens entsprechen nun folgende Zahlen: J = 10; H = 5; W = 6; H = 5.

Die Herstellung der *Zizit* geht folgendermaßen vor sich: man nimmt vier Fäden wovon einer länger ist und zieht sie durch ein dafür vorbereitetes Loch an einem der vier Ecken des *Tallit*. Dann legt man sie zusammen, so daß man acht Fäden erhält, wovon wiederum einer länger als die anderen ist.

Ursprünglich war der lange Faden von himmelblauer Farbe, die von einem selten gewordenen Fisch gewonnen wurde. Die Tradition des blauen Fadens ist verlorengegangen. Neuerdings aber üben einige Leute diesen Brauch wieder aus.

Dann knüpft man zwei Knoten und wickelt den langen Faden zehnmal um die anderen Fäden; es folgen wieder zwei Knoten, fünf Umwicklungen, zwei Knoten, sechs Umwicklungen, zwei Knoten, fünf Umwicklungen und schließlich zwei Knoten. Auf diese Weise wird der Name JHWH, das Tetragramm mit dem Zahlenwert 26 geschrieben:

2 Knoten; 10 Umwicklungen (Buchstabe *Jod*)
2 Knoten; 5 Umwicklungen (Buchstabe *Heh*)
2 Knoten; 6 Umwicklungen (Buchstabe *Wav*)
2 Knoten; 5 Umwicklungen (Buchstabe *Heh*)
2 Knoten.

Das macht insgesamt 10 Knoten und 26 Umwicklungen.

Die andere Tradition trägt nicht nur das Tetragramm JHWH in den Stoff ein, sondern eine Variante, die „Gott (JHWH) ist Einzig (ECHAD)“ bedeutet und den Zahlenwert 39 und nicht 26 ergibt, da JHWH = 26 und ECHAD = 13 ausmacht. Die acht Fäden werden jetzt folgendermaßen geknüpft:

2 Knoten; 7 Umwicklungen
2 Knoten; 8 Umwicklungen
2 Knoten; 11 Umwicklungen
2 Knoten; 13 Umwicklungen
2 Knoten.

Das macht insgesamt 10 Knoten und 39 Umwicklungen.

In der *Kabbala* ist die Zahl 39 äußerst wichtig, denn sie entspricht dem „bewegten Namen“.

Das Tetragramm JHWH, das Gott bezeichnet, kann nicht in die Grenzen einer endlichen

Sprache eingeschlossen werden. Die Buchstaben innerhalb des Alphabets können sich in Bewegung setzen und jeder Buchstabe kann sich in den nachfolgenden verwandeln. Wir erläutern diese Prozedur mit einem Beispiel auf deutsch.

Stellen wir uns einmal das Wort „Zeit" vor. Es bezeichnet eine Wirklichkeit. Um es aus seinem sprachlichen Käfig zu befreien, setzen wir jeden seiner Buchstaben in Bewegung und ersetzen ihn durch seinen Nachfolger im Alphabet.

Z E I T
↓ ↓ ↓ ↓
A F J U

Das Wort „AFJU" ist der Ergebnis der Bewegung von „Zeit". Wenn wir dieselbe Prozedur der alphabetischen Bewegung im hebräischen Alphabet auf das Tetragramm JHWH anwenden:

J H W H
↓ ↓ ↓ ↓
K W S W

dann kommt der Name KWSW (wird *Kusu* gesprochen) heraus und ergibt die Zahl 39: K = 20; W = 6; Z = 7; W = 6.

Die Zahl 39 wird auf hebräisch 9 und 30 geschrieben und mit den Buchstaben *Tet* (T) und *Lamed* (L) bezeichnet. Das ergibt das Wort *Tal*, das „Tau" bedeutet. Dieses Tau-*Tal* hat dem *Tallit* seinen Namen gegeben; *Tallit* bedeutet also soviel wie: „Tauträger" bzw. „Träger des bewegten Gottesnamens".

Nun kann der Sinn des Rituals besser verstanden werden: Am Anfang des Gebetes hüllt sich der Mann in den *Tallit* und tritt in den Bereich der bewegten Sprache ein, damit die Wörter, die er ausspricht, ihn in eine schöpferische und lebendige Zukunft tragen. Für das bewegte Sein ist eine bewegte Sprache erforderlich. Sie wird durch das, in die Umwicklungen und Knoten der *Zizit* des *Tallit* eingetragene, „*Kusu*-39-*Tal*-Tau" versinnbildlicht.

Beim Morgen- und Abendgebet liest man einen Abschnitt, der *Schma Israel* genannt wird und der aus drei Absätzen aus der hebräischen Bibel besteht. Ehe dieser Abschnitt gelesen wird, werden Gesicht und Augen mit dem *Tallit* verhüllt, um die Vorstellung vom „Hören", was das erste Wort des Gebetes, *Schma*, heißt, zu unterstreichen.

Im dritten Absatz wird das Ritual des *Tallit* und der *Zizit* erwähnt: „Sprich zu den Kindern Israels und sage ihnen, sie sollen sich an die Ecken ihrer Kleider *Zizit* (Schaufäden) machen, sie und ihre Nachkommen, und bei dem *Zizit* an den Ecken eine purpurblaue Schnur anbringen. Sie sollen euch als *Zizit* dienen, daß, wenn ihr ihn sehet, ihr an alle *Mizwot* (Gebote ritueller und sozialer Art) Gottes *(JHWH)* denkt und sie haltet und nicht nach dem umherspäht, was euer Herz und eure Augen begehren, denen ihr sonst nachbuhlt. Damit ihr an alle meine *Mizwot* denkt und sie haltet und euerem Gott *(Elohim)* heilig seid. Ich bin der Name *(JHWH)*, euer Gott *(Elohim)*, der euch aus dem Lande Ägypten geführt hat, um euer Gott *(Elohim)* zu sein; ich bin der Name *(JHWH)*, euer Gott *(Elohim)*." (*Numeri* 15, 38–41)

Während dieser Abschnitt gelesen wird, hält man die vier *Zizijot* zusammen in der rechten Hand und küßt sie jedesmal, wenn das Wort *Zizit* ausgesprochen wird. Von Kindesbeinen an tragen die Männer den ganzen Tag über unter der Kleidung einen kleinen *Tallit*, einen *Tallit katan*. Manchmal kann man die *Zizijot* sehen, die an den Seiten herausschauen. Der *Tallit* begleitet den Menschen das ganze Leben und sogar darüber hinaus: Es gibt einen Brauch, die Toten in einem *Tallit* zu begraben von dem die *Zizit* entfernt wurden.

KAPITEL 4

DIE TFILLIN

DIE *TFILLIN* SIND KLEINE LEDERNE GEHÄUSE, DIE MIT HILFE SCHMALER LEDERRIEMEN AN DER LINKEN HAND UND AN DER STIRN BEFESTIGT WERDEN

IN DEN GEHÄUSEN BEFINDEN SICH PERGAMENTROLLEN, AUF DENEN VERSCHIEDENE ABSCHNITTE DER *TORA* AUFGEZEICHNET SIND. DIE *TFILLIN* WERDEN von den Männern beim Morgengebet, außer am *Schabbat* und an den Feiertagen, getragen. Die *Tfillin* bestehen aus zwei Gehäusen, wovon eines am linken Arm und das andere auf der Stirn zwischen den Augen mit Lederriemen angebunden werden. Der eine Riemen wird sieben- oder achtmal um den linken Arm gewunden; der andere läuft beiderseits um den Kopf herum und verbindet sich am Hinterkopf kreuzweise zu einem Knoten; von dort fallen die Riemen beiderseits über die Schultern herab.

In den Gehäusen befinden sich Pergamentrollen: eine einzige Pergamentrolle für den Arm und vier Pergamentrollen für den Kopf. Vier Texte stehen auf dem Pergament für den Arm und je ein Text auf je einem Pergament für den Kopf. Die Texte sind *Exodus* 13, 1–10; 13, 11–16 und *Deuteronomium* 6, 4–9; 11, 13–21. (1)

Ein Thema wiederholt sich in diesen Texten wie ein Leitmotiv, und zwar das Thema „Gedächtnis": Du sollst die *Tfillin* tragen, „zum Zeichen an deiner Hand und zum Denkmal zwischen deinen Augen." Der Ausdruck „Denkmal zwischen den Augen" heißt auf hebräisch *Sikaron bejn ejnecha*. Das Wort *Sikaron*, „Andenken", kommt von der Wurzel SKR, die auch „männlich" bedeutet. Das *Sikaron*, Andenken und Denkzettel, wird im Ritual der *Tfillin* getragen. Jeder der vier Texte in den *Tfillin* spricht den Gedanken vom „Denkmal" zwischen den Augen aus. Aber der zweite Text benutzt das rätselhafte Wort *Totafot* anstatt *Sikaron*. Rätselhaft, weil dieses Wort nicht hebräisch ist. Raschi erklärt das Wort *Totafot* mit der Behauptung, es handle sich um ein afrikanisches Wort. *Tot* heiße zwei und *Fot* heiße auch zwei. Warum wird aber das Wort „Gedächtnis" in einer afrikanischen Sprache, in einer Fremdsprache also, gesagt? Soll damit nicht etwa grundsätzlich gelehrt werden, daß die Erinnerung an uns selbst über die Erinnerung an den anderen, über die Öffnung zum anderen Menschen läuft. Öffnung für die Sprache des Afrikaners. Afrikaner, mein Bruder! Sich erinnern, heißt sich öffnen für …

Die Identität wird hier nicht durch die Suche nach Wurzeln, die uns einschließen, bestärkt, sondern unsere Identität wird aufs Spiel gesetzt. Sich erinnern heißt immer, sich an diesen Einsatz, an diese Öffnung zu erinnern.

Rabbi Nachman von Brazlaw sagt: „*Ejn sikaron ela lealma deate.*" („Nur in der kommenden Welt gibt es ein Gedächtnis.") Das läßt sich in eine schärfere Formel umschreiben: „Erinnere dich deiner Zukunft." Die Zukunft eines jeden Menschen läuft über die Erinnerung an die Existenz eines anderen Menschen, der uns für die Zeit des Dialogs und der Kreativität öffnet. In seinen *Tallit* gehüllt, diese bewegte Sprache, und *Tfillin* tragend, dieses Gedächtnis der Zukunft, beginnt der Mensch seinen Tag mit einem Gebet, das ihm

ירושלם

schöpferische Energie einhaucht und das ihn in seinem materiellen, spirituellen und intellektuellen Leben unterstützt. In diesem Ritual finden wir den Gedanken wieder, der uns auch schon beim *Tallit* begegnet ist, die Eintragung der Sprache und insbesondere des Gottesnamens im Gewebe der Wirklichkeit; die Schrift in und durch die Ritualgegenstände.

Auf den *Tfillin*, die auf dem Haupt getragen werden, wird zweimal der Buchstabe *Schin* eingezeichnet, einmal mit drei und einmal mit vier Zweigen:

ש ש

Der Knoten, der sich auf dem Hinterkopf aus der Kreuzung der Riemen ergibt, bildet den Buchstaben *Dalet*, und der Knoten am Riemen des Arms bildet neben dem Gehäuse den Buchstaben *Jod*.

ד י

Buchstabe *Dalet* Buchstabe *Jod*

Diese drei Buchstaben ergeben das Wort *Schaddaj*, welches einer der Gottesnamen ist. Der *Talmud* bietet mehrere Erklärungen für diesen Namen an. Die erste zerlegt *Schaddaj* in *Sche-daj*, die Abkürzung eines vollständigeren Ausdrucks: *Mi scheamar leolamo dai*, „Der zu seiner Welt gesagt hat: Genug". Gott reguliert die Entropie der Welt und führt Begrenzungen in der Wirklichkeit der Dinge ein. Durch das Ritual der *Tfillin* würde der Mensch demnach das Gefühl der Endlichkeit auf seinen Körper übertragen. Eine Belehrung in Bescheidenheit und Demut als Ausgleich zur Öffnung, von der wir am Anfang dieses Kapitels sprachen.

Die andere Erklärung analysiert die Etymologie des Wortes *Schaddaj*: *Schad* bedeutet, die weibliche Brust. Nährende und erotisch anziehende Brust. *Schaddaj* heißt buchstäblich „meine Brüste". Das Wort einer Frau, die von ihrem eigenen Körper spricht.

Nach dem *Talmud* (*Joma* 54a) sind diese Brüste nicht in ihrer reinen, direkten Nacktheit ausgestellt, sondern mit einem Schleier bedeckt. Nicht etwa, um sie zu verbergen, sondern um sie zugleich sichtbar und unsichtbar werden zu lassen. Diese Erscheinung der Brüste, diese seltsam erotische Erscheinung, war die Erscheinung, die der Hohepriester am *Jom kippur* im Allerheiligsten des Tempels gesehen haben soll.

Transzendenz und Erotik? Die Erotik wird hier als das bestimmt, was sich gleichzeitig offenbart und verbirgt, als Spiel des „Sichtbar-Unsichtbaren", das eine vollständige Offenbarung verhindert. So kann man sagen, daß Gott in erotischer Weise erscheint, sichtbar und unsichtbar. Ein vollständig enthüllter Gott wäre ein Götze, ein vollständig verhüllter Gott wäre abwesend!

Hier verstärkt sich das „Sichtbare und Unsichtbare" durch das „Lesbare und Unlesbare". Der Text kann nicht vollständig ergriffen, begriffen, zum Götzen werden, sein Sinn bleibt ein Rätsel und Träger von Zeit und Transzendenz. Die Erotik von *Schaddaj* kehrt die „Begrenzung" um, die *Schaddaj* nach der ersten Erklärung: „Grenze", „Genug!" bedeutet.

Die *Tfillin* erlauben dem betenden Menschen, sich seiner Fähigkeit bewußt zu werden, sich trotz der Endlichkeit seiner Körperlichkeit und Menschlichkeit dem Unendlichen zu öffnen.

(1) Die Anordnung kann je nach Tradition verschieden sein, wir folgen der Tradition von Raschi.

KAPITEL 5

DIE MESUSA

DIE *MESUSA* IST EINE KLEINE PERGAMENTROLLE, DIE MEHRERE ABSCHNITTE AUS DER *TORA* ENTHÄLT UND AN ALLEN HAUPTEINGÄNGEN DES HAUSES BEFESTIGT WIRD

SIE HAT EINE SYMBOLISCHE SCHUTZ- UND MAHNFUNKTION; SIE ERMAHNT ZUR WACHSAMKEIT GEGENÜBER EINER „ETHIK DES UNTERWEGSSEINS". DIE *MESUSA* IST EIN Stück Pergament, auf dem die Abschnitte des *Schma* (*Deuteronomium* 6, 4–9 und 11, 13–21) stehen. Das Pergament wird zusammengerollt und in eine Kapsel aus Holz, Metall oder irgendeinem anderen Material gesteckt. Die *Mesusa* muß am Türpfosten zur Rechten des Eintretenden befestigt werden, ein Drittel der Türhöhe vom oberen Querbalken entfernt. Ist die Tür zu hoch, so muß die *Mesusa* in Reichweite der Hand angebracht werden.

Bevor die *Mesusa* befestigt wird, spricht man folgenden Segen: „Gesegnet seist Du, Ewiger, unser Gott, König der Welt, der uns geheiligt durch seine Gebote und uns befohlen hat, eine *Mesusa* anzubringen."

Im *Schma* bedeutet das Wort „*Mesusa*" auch Türpfosten. Es ist ein Gebot (*Mizwat asse*), eine *Mesusa* an allen Türen unserer Wohnungen, mit Ausnahme der Toiletten und Bäder, zu befestigen, wie im *Deuteronomium* geschrieben steht: „Du sollst sie auf die Pfosten deines Hauses und an deine Tore schreiben." (*Deuteronomium* 6, 9). Die *Mesusa* wird nur in ständig bewohnten Räumen angebracht. Die *Sukka*, ein provisorischer Wohnraum (*Dirat arai*), ist daher von der *Mesusa* befreit.

Die *Mesusa* muß vom Eigentümer oder Mieter des Hauses dreißig Tage nach der tatsächlichen Inbesitznahme der Räume befestigt werden. In Israel muß das gleich am ersten Tag geschehen. Die Frauen sind ebenfalls zu dieser *Mizwa* verpflichtet.

Wenn mehrere *Mesusot* befestigt werden, genügt ein einziger Segensspruch für alle; unter der Bedingung, diese Absicht zu äußern, ehe die erste *Mesusa* befestigt wird. Die *Mesusa* wird von einem *Sofer*, einem Schreiber geschrieben, der *Sifrei Tora*, *Tfillin* und *Mesusot* herstellt. Eine – auch auf Pergament – gedruckte *Mesusa* ist zur Ausübung des Rituals untauglich. Ist auch nur ein Buchstabe ausgelöscht, so ist die *Mesusa* ungültig.

Nach dem *Sohar* kann das Wort *Mesusot* (Mehrzahl von *Mesusa*) in zwei Wörter zerlegt werden: „*Sas Mawet*", ein Imperativ, der bedeutet, „daß der Tod sich rühre, sich fortmache", „daß der Tod sich entferne".

Der *Talmud* erzählt folgende Geschichte: „Ein Mann Namens Artaban schickte an Rabbi Jehuda, den Fürsten, einen sehr wertvollen Edelstein. Um sich zu bedanken, schickte ihm Rabbi Jehuda, der Fürst, eine *Mesusa*. Artaban wunderte sich über dieses Geschenk: ich schicke dir einen Edelstein und du bedankst dich mit einem gewöhnlichen Stück Pergament! Rabbi Jehuda erwiderte ihm, daß dieses Pergament wertvoller sei als alle Edelsteine.

Artaban antwortete nicht und dachte, daß Rabbi Jehuda sich mit schönen Worten rausrede.

Einige Jahre danach wurde die Tochter Artabans krank. Alle Ärzte kamen nacheinander an ihr Krankenbett, vergeblich. Da erinnerte sich

Artaban an die Worte Jehudas, des Fürsten. Er ließ die *Mesusa* an der Tür des Zimmers seiner Tochter befestigen … Sie genas!"

Die Struktur der *Mesusa* hilft uns, die Bedeutung dieses Rituals besser zu verstehen. Wie bei den *Tfillin* handelt es sich um einen Text, der geschrieben, aber nicht gelesen wird. Er ist „sichtbar-unsichtbar", „lesbar-unlesbar"; das ist, wie wir im vorigen Kapitel erläutert haben, die Form des Erotischen. Der Beweis dafür ist, daß der Name *Schaddai* das Wort ist, das auf der sicht- und lesbaren Rückseite des Pergaments steht. Noch etwas steht auf dieser Rückseite – aber verkehrt herum …
Man müßte sich auf dem Kopf stellen, um das richtig lesen zu können. Im Kapitel über den *Tallit* haben wir gezeigt, daß sich der Gottesname durch Umstellung in der Buchstabenreihe in Bewegung setzten kann. Das Tetragramm JHWH bedeutet grammatisch die Vergangenheit (HJH), die Gegenwart (HWH) und die Zukunft (JHH). Es ist also möglich, mit den vier Buchstaben des Tetragramms die drei Dimensionen der lebendigen, zwi-

Schadai und *Kusu* auf der *Mesusa*

schen Gedächtnis und Hoffnung gespannten Zeit zu schreiben. Die am Hauseingang befestigte *Mesusa* ermahnt den Menschen, der einen langen Weg zurückgelegt hat, daß die Reise nicht zu Ende ist und daß er fortfahren muß, sich zu erfinden.

Die *Mesusa* gibt ein Zeichen zum Aufbruch. Sie zeigt aber auch an, wie der Aufbruch zu bewerkstelligen ist: durch die Bewegung der Sprache, deren Musterbeispiel *Kusu* ist.

Der Mensch, das sprechende Wesen, findet einen Zugang zur lebendigen Zeit durch die lebendige Sprache: die Sprache des Lernens und Deutens. Er erteilt den erstarrten und einseitigen Bedeutungen eine Absage und erschließt den Wörtern ihre versprengte und vielfältige Bedeutung wieder. So befreit er sich aus jeglicher Gefangenschaft, aus jeglicher Trägheit, um sich zu erfinden, zu leben und ständig neu geboren zu werden.

Das Ritual der *Mesusa* ist eine ständige Einladung, sich auf den Weg zu machen. Es ist bemerkenswert, daß viele Texte in *Talmud* und *Midrasch* mit dem Bild des Wandelns eingeleitet werden: *„Rabbi und Rabbi Chija waren unterwegs …"* Tatsächlich eröffnet jeder talmudische Text mit der Beteuerung des „Unterwegs-seins", auch wenn der Ausdruck nicht ausgesprochen wird.

Der *Talmud*, der *Midrasch*, die *Kabbala* und der *Chassidismus* zeichnen sich durch ein wanderndes Denken aus, von Menschen, die im Gehen und gemäß der Wahrheit des Ganges denken. Das ist wohl die Bedeutung des Verses: „Du sollst von ihnen sprechen … wenn du unterwegs bist." (*Deuteronomium* 6, 7)

Alles hängt vom Weg ab: Wir sind näher am Ort unserer Sehnsucht, wenn wir unterwegs sind, als wenn wir uns einbilden, schon am Ziel zu sein und meinen, uns nur noch niederlassen zu müssen. Wie Edmond Jabès sagt: „Vergiß nie, daß du ein Wanderer auf Durchreise bist."

Das Wort „Weg" muß nicht räumlich verstanden werden. Es spielt nicht auf Feld- oder Waldspaziergänge des herumschweifenden Denkens an. Es führt uns nicht von einem Ort zum anderen. Es ist vielmehr der Weg des Denkens selbst.

Der Weg setzt in Bewegung, stellt in Frage und vor Entscheidungen. Er lädt ein und beunruhigt, er regt an und reizt. Der Mensch auf dem

Weg ist nicht nur der jüdische, es ist der Mensch im allgemeinen.

In einem seiner schönsten Texte über das Jüdischsein vertieft und entwickelt Maurice Blanchot im Anschluß an André Néher diese zentrale Idee des Judentums. Wir übernehmen hier die wesentlichen Gedanken:

„Was heißt es, Jude zu sein?

Warum gibt es so etwas? Das gibt es, damit es die Idee des ‚Weges' als richtige Bewegung gibt; das gibt es, damit sich bei uns im und durch den ‚Weg' eine Erfahrung der Fremdheit als unauflösbares Verhältnis behauptet; das gibt es, damit wir nach dem Zeugnis dieser Erfahrung sprechen lernen.

Ein ‚Menschen des Weges' zu sein, das heißt immer zum Aufbruch bereit sein: Forderung des Ausreißens, Behauptung der nomadischen Wahrheit.

So ist das Judesein ein Gegensatz zum Heidesein. Heidesein heißt sich ansiedeln, sich gleichsam in die Erde einschlagen, sich niederlassen durch einen Bund mit der Dauer, die den Aufenthalt genehmigt und den die Sicherheit des Bodens bescheinigt. Dem Wandern, dem Nomadisieren entspricht ein Verhältnis, das der Besitz nicht befriedigt.

Sich auf den Weg machen, unterwegs sein, das ist der Sinn der Worte, die Abraham gehört hat: ‚Ziehe hinweg aus deinem Lande, von deiner Verwandtschaft und aus dem Hause.'"

Auf einen Punkt müssen wir nachdrücklich hinweisen. Diese Worte haben keinen negativen Sinn: *„Muß man sich auf den Weg machen und umherirren, weil man von der Wahrheit ausgeschlossen ist, zu einem Ausschluß verurteilt ist, der jeden Aufenthalt verbietet? Ist es nicht vielmehr so, daß dieses Umherirren ein neues Verhältnis zum ‚Wahren' bedeutet?*

Ist es nicht auch so, daß sich dieses Nomadisieren nicht als ewiger Mangel eines Aufenthalts, sondern als eine eigentliche Art des Wohnens erweist, eine Wohnung, die uns nicht an die Bestimmung des Ortes bindet, auch nicht an die Festsetzung in einer längst begründeten, sicheren, dauernden Wirklichkeit.

Als ob der seßhafte Zustand unbedingt die Absicht jedes Verhaltens wäre! Als ob die Wahrheit selbst unbedingt seßhaft wäre!

Man muß seine Wohnung verlassen, gehen und kommen, um auf diese Weise die Welt als Wegstrecke zu behaupten."

Das ist die Lehre der *Mesusa*! (1)

(1) Jetzt versteht man, warum die *Mesusa* nach links geneigt befestigt wird, sie ahmt den Oberkörper eines gehenden Menschen nach.

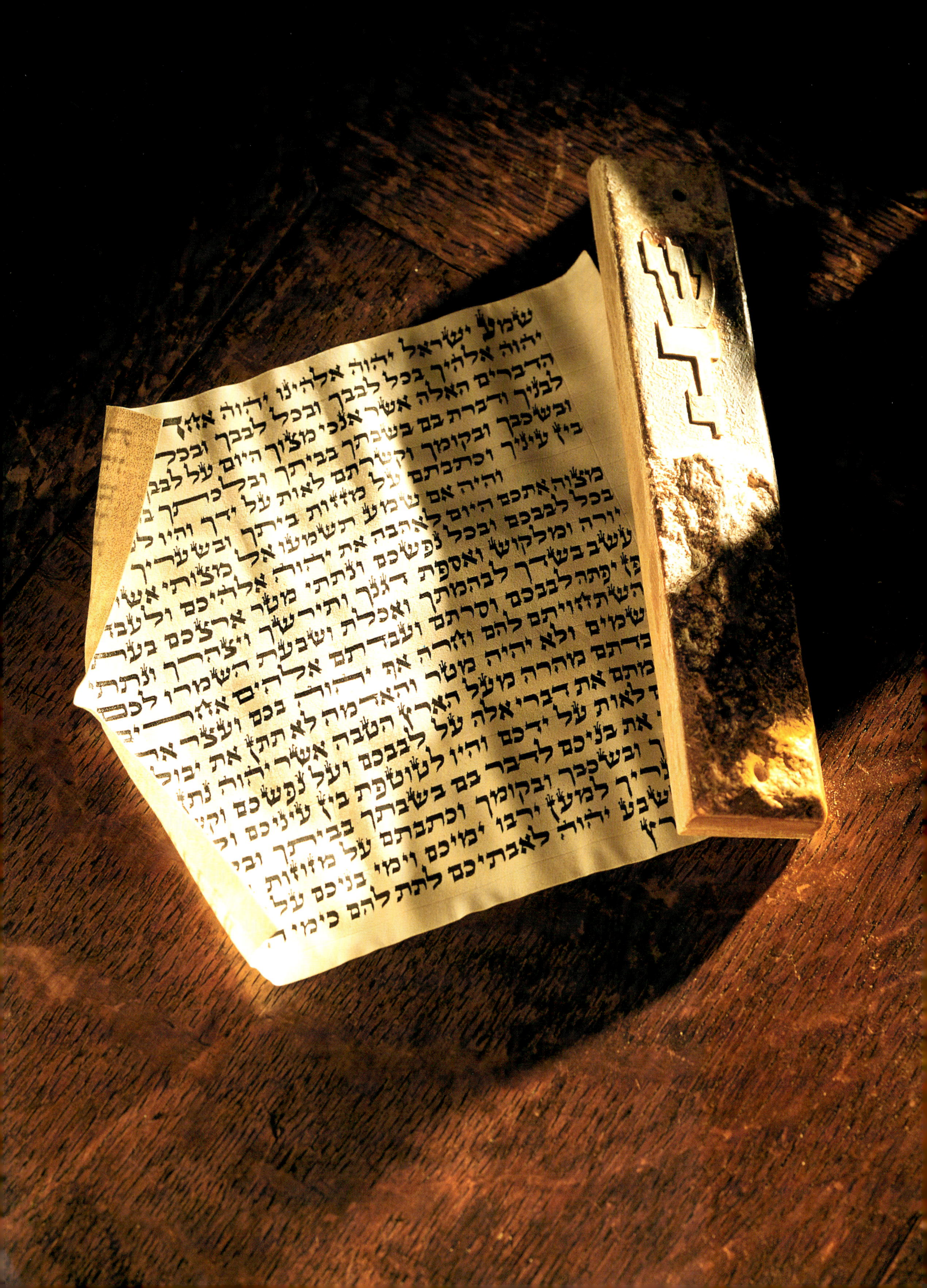

KAPITEL 6

DIE SYNAGOGE

DIE SYNAGOGE IST VOR ALLEM EIN TREFFPUNKT

DIE ARCHITEKTUR DER SYNAGOGE IST SCHLICHT UND NÜCHTERN. DER ORT IST AN SICH NICHT WICHTIG. WENN SICH ZEHN Männer versammeln, dann bildet diese Versammlung eine Synagoge.

Es gibt drei tägliche Gebete: das Morgengebet, *Schacharit*, das Nachmittagsgebet, *Mincha*, und das Abendgebet, *Maariw*. Die Synagoge bildet, mit dem *Bet hamidrasch* (1), den Mittelpunkt des jüdischen Gemeindelebens. In der Synagoge versammeln sich dreimal täglich mindestens zehn Männer, um zu beten.

Der Ursprung der Synagoge läßt sich historisch nicht genau feststellen, aber den Gedanken eines regelmäßigen Treffens mehrerer Gemeindemitglieder hat es immer gegeben. Dieser Gedanke verdichtete sich besonders in der Periode des babylonischen Exils und des Propheten Ezechiels, nach der Zerstörung des ersten Jerusalemer Tempels 586 vor der Zeitrechnung. Aber erst nach der Zerstörung des zweiten Tempels begann die Synagoge eine zentrale Rolle zu spielen. Nun wurden die im Tempel dargebrachten Opfer offiziell durch die eingesetzten und in ihrer endgültigen Form abgefaßten Gebete ersetzt. Die Synagoge ist ein Ort, den man durch anständiges Verhalten zu achten verpflichtet ist: Man trinkt, ißt und schläft nicht in der Synagoge. Es heißt sogar, daß jede Synagoge etwas von der Heiligkeit des Tempels geerbt hätte. Wenn das Lehrhaus allerdings als Synagoge benutzt wird, pflegt man darin auch zu essen und zu schlafen. Anfangs wurden die Synagogen sehr nüchtern gebaut. In Ländern, wo Judenverfolgungen wüteten, bemühten sich die Juden, in den jüdischen Vierteln ganz unauffällige Synagogen zu bauen und gleich daneben die *Mikwe* (das Ritualbad), den Festsaal und alle Gemeindeeinrichtungen. Trotz der auferlegten Beschränkungen beim Bau von Synagogen, waren einige von ihnen wahre Schmuckstücke, etwa in Italien (besonders in Venedig und Rom), in Spanien, Polen, Ägypten, in Syrien, in Tunesien …

Heutzutage, wo in den meisten Ländern vollkommene Freiheit hinsichtlich der Größe der Synagogen herrscht, ist ihre Architektur sehr abwechslungsreich und der Ästhetik wird breiter Raum gelassen.

1. DIE INNENARCHITEKTUR

Der wichtigste Gegenstand der Synagoge ist das *Sefer Tora*, das Buch der *Tora*. Es liegt im *Aron hakodesch*, der heiligen Lade, die sich im hinteren Teil der Synagoge befindet und ihre Ostwand teilweise oder ganz ausfüllt. Der *Aron* ist im allgemeinen höher gelegen als die übrige Synagoge – wie eine Bühne – und auf Jerusalem gerichtet. (Siehe 7. Kapitel: Das *Sefer Tora*)

Genau vor dem *Aron* befindet sich die *Bima*, das Podium des *Tora*-Vorlesers und Vorbeters. Die *Bima* liegt zentraler als der *Aron*. Die Gläubigen sitzen auf Bänken oder Stühlen vor dem *Aron* um die *Bima* herum.

זה השער ליי
צדיקים יבאו בו
מה טבו אהליך יעקב משכנתיך ישראל
נדבת
שמעון ומרים קוהנה

Der Platz der Frauen, der vom jeweiligen gesellschaftlichen Umfeld beeinflußt wird, unterscheidet sich je nach Gemeinde und dem Grad ihrer Orthodoxie. Traditionell sitzen die Frauen hinter den Männern, getrennt durch eine *Mechiza*, eine Trennvorrichtung: ein Vorhang, ein Gitter, ein Paravent oder eine Schiebetür. Die Frauen sitzen häufig auch – mit Blick auf den *Aron* und die *Bima* – auf einer kreisförmigen Galerie über den Männern.

Heutzutage, angesichts der stärker werdenden (und unserer Meinung nach berechtigten) Forderungen der Frauen nach Teilnahme am synagogalen Ritus, haben einige Gemeinden die *Mechiza* unten in der Mitte angebracht; wenn die Männer links sitzen, dann nehmen die Frauen am rechten Flügel der Synagoge Platz. Andere Gemeinden, liberale ebenso wie konservative, gestatten es den Frauen, überall in der Synagoge Platz zu nehmen und geben ihnen die gleichen liturgischen Rechte wie den Männern.

II. DER MINJAN

Mindestens zehn Männer über 13 Jahren sind nötig, um einen *Minjan* zu bilden. Diese Versammlung ist für jegliches Gemeindegebet notwendig: etwa für das *Kaddisch*, die *Toravorlesung*, die *Kdduscha* (während der still und stehend gesprochenen achtzehn Segenssprüche).

III. DER AUFBAU DES GEBETS

Das Gebet wurde nach der Zerstörung des zweiten Tempels von Jerusalem von den Rabbinern festgesetzt. In der Bibel gibt es auch mehrere Beispiele für individuelle Gebete, etwa das Gebet des Mose für seine Schwester oder jenes der Hanna, der Mutter Samuels, um ein Kind.

Das Gemeindegebet hat die im Tempel dargebrachten Opfer ersetzt. Während der Woche werden – wie erwähnt – täglich drei Gebete gesprochen: *Schacharit* (Morgengebet), *Mincha* (Nachmittagsgebet) und *Maariw* (Abendgebet). Am *Schabbat* und an den Feiertagen wird nach dem Morgengebet das *Mussaf*-Gebet hinzugefügt.

Alle Gebete befinden sich im Gebetbuch, das *Siddur* heißt. Die besonderen Gebete für bestimmte Tage, wie etwa für *Jom kippur* befinden sich in einem besonderen *Siddur*, *Machsor* genannt, der alle Gebete des Tages und jene Bibelabschnitte, die an diesem Tag vorgelesen werden, enthält. Die Gebete für *Jom kippur* befinden sich also im *Machsor* für *Jom kippur*.

Der Aufbau des Gebetes ist im wesentlichen in allen Gemeinden der gleiche, manchmal unterscheiden sich aber, je nach Brauch, die Anordnung und Gewichtung der gelesenen Stellen.

Alle Juden wenden sich im Gebet nach Osten: in Richtung Jerusalem und der Überreste des Tempels.

(1) Lehrhaus (siehe 20. Kapitel)

KAPITEL 7

DAS SEFER TORA

DIE *TORA* ODER DIE FÜNF BÜCHER MOSE WERDEN MIT DER HAND AUF EINE PERGAMENTROLLE, DAS *SEFER TORA*, GESCHRIEBEN UND ZUR ÖFFENTLICHEN VORLESUNG IN DER SYNAGOGE BENUTZT

DIE HERSTELLUNG DIESER ROLLEN, DIE BESONDERHEIT DER SCHRIFT UND DES UMBRUCHS, DIE VERSCHIEDENEN VERZIERUNGEN bilden in intellektueller wie ästhetischer Hinsicht eine erregende Welt für sich. Einer der wichtigen Augenblicke im synagogalen Gottesdienst ist die Lesung der *Tora*. *Tora* im eigentlichen Wortsinn nennt man die fünf Bücher Mose:

– Genesis: *Bereschit*
– Exodus: *Schmot*
– Levitikus: *Wajikra*
– Numeri: *Bamidbar*
– Deuteronomium: *Dwarim*.

Seit dem Zeitalter Esras (6. Jahrhundert vor der Zeitrechnung) wird die *Tora* dreimal pro Woche öffentlich gelesen: am Montag, Donnerstag und Samstag sowie an den Feiertagen, am *Rosch chodesch* (erster Tag des Monats) und an den Fasttagen. Für diese öffentliche Vorlesung sind zehn Personen (ein *Minjan*) erforderlich.

Zwischen drei und sieben Personen werden aufgerufen, um entweder selber einen Abschnitt vorzulesen oder einen Segensspruch vor der Vorlesung zu sagen, die dann im allgemeinen von einem Fachmann für die biblische Singweise durchgeführt wird. Die *Tora* wird innerhalb eines Jahres einmal ganz durchgelesen. Sie wird in 54 Abschnitte unterteilt. Ein solcher Teil wird *Sidra*, das heißt „Ordnung", oder *Parascha*, das heißt „Stück" oder „Abschnitt", genannt. An jedem *Schabbat* wird ein anderer Abschnitt gelesen. Der Zyklus beginnt am *Schabbat* nach *Simchat Tora*, dem Fest der *Tora*, das die Herbstfeiertage beschließt, und endet am *Simchat Tora* des folgenden Jahres. So begleitet jeden Samstag, von Woche zu Woche, die biblische Geschichte von der Schöpfung bis zum Tod des Mose und dem Einzug in das verheißene Land das jüdische Volk. Auf der ganzen Welt lesen die Juden am gleichen Tag den gleichen Text.

Jeder der 54 Abschnitte hat seinen besonderen Namen vom ersten Wort oder einem der ersten Wörter des ersten Verses jeder *Parascha*. So wird die erste *Parascha Bereschit* genannt, nach dem ersten Wort des ersten Verses der *Tora*: *Bereschit bara Elohim et haschamajim* … Der *Schabbat* bekommt den Namen der *Parascha*. So spricht man vom *Schabbat Bereschit*, das ist der Samstag, an dem die *Paraschat Bereschit* gelesen wird.

Während des öffentlichen Gottesdienstes, nach der Vorlesung der Segenssprüche, der Psalmen, des *Schma Israel* und der *Amida* (stilles Gebet, das in aufrechter Haltung verrichtet wird), werden die Gesetzesrollen, die *Sifrei Tora* (Mehrzahl von *Sefer* bzw. *Sefer Tora*) aus der heiligen Lade (*Aron hakodesch*) gehoben, die sich hinten, nach Jerusalem gerichtet, gegenüber dem Eingang der Synagoge befindet.

1. DIE HEILIGE LADE, DER *ARON HAKODESCH*

Die heilige Lade ist ein Schrein, in dem in der Regel mehrere Rollen stehen. Sie sind mit reich

לע״נ הורינו
יעקוב בן חיון
ואשתו פריחה
בת אסתר ע״ה
ת.נ.צ.ב.ה.
לע״נ
אברהם פרטוש זבנ״ו
דוד. שלמה.
יהודה ויעקב
שמחה ומרים
ת.נ.צ.ב.ה.
ת.ה.

שבת
RAPHAEL
KISLEV 5750

verzierten und mit Gold- und Silberfäden bestickten „Mänteln" bekleidet, auf denen die Namen der Spender und der Anlaß für die Spende der Rollen stehen.

II. DER SCHMUCK

Auf diese Mäntel werden Schilder aus Silber (oder anderen Metallen) gehängt. Darauf ist, auf auswechselbaren Täfelchen, der Name des jeweiligen Wochenabschnitts (*Parascha*) eingraviert. Auf die Enden der Holzstäbe, um die das Pergament gewickelt ist, werden eine Krone oder zwei kleine, *Rimonim* (Granatäpfel) genannte, Kronen, aufgesetzt.

III. DIE LESEHAND ODER *JAD*

Für die Vorlesung wird eine Hand oder ein Finger aus Silber oder Holz (oder aus jedem anderen Material) benutzt, denn es ist verboten, die Rolle mit bloßen Händen zu berühren.

IV. DIE *HAGBAHA*,
DAS HOCHHEBEN UND ZEIGEN DER *TORA*

Ein Gottesdienstteilnehmer wird aufgerufen, die heilige Lade zu öffnen und die Rolle von der Lade bis zum Vorlesetisch in die Mitte der Synagoge zu tragen. Das Podium, auf dem dieser Tisch steht heißt *Bima*. Darauf wird die Rolle gelegt und ihr kostbares Gewand „ausgezogen".

Die Rolle wird an der zu verlesenden Stelle geöffnet und der Versammlung gezeigt. Ein Gottesdienstteilnehmer wird aufgerufen, um sie geöffnet hochzuheben und allen, in der Synagoge Anwesenden zu zeigen. Dazu dreht er sich mit nach oben erhobenen Armen um seine eigene Achse. Dieses Vorzeigen der *Tora* wird *Hagbaha* genannt, das „Erhöhung" heißt. Es ist eine große Ehre, zur *Hagbaha*, zur Vorlesung oder zu einem Segensspruch vor den geöffneten Rollen aufgerufen zu werden. Bei festlichen Anlässen wird die Teilnahme an diesen verschiedenen Zeremonien versteigert. So wird die Gemeinde indirekt an den Kosten für den Betrieb der Synagoge beteiligt. Es ist auch üblich, etwas zu spenden, wenn man zur *Tora* aufgerufen wird.

V. DIE GERÄTE DES SCHREIBERS

Die Bücher der *Tora* oder *Sifrei Tora* sind Rollen aus gegerbtem oder pergamentenem Leder. Die Rollen bestehen aus Lederblättern, die mit Sehnen zusammengenäht und mit einem trockenen Stichel waag- und senkrecht liniiert werden. Darauf werden die heiligen Texte – im Morgenland mit einem Schreibrohr, im Abendland mit einer Gänsekielfeder – geschrieben.

Der Schreiber oder *Sofer* schreibt mit der Hand nach einer Vorlage, um Irrtümer auszuschließen. Er schreibt mit einer besonderen Tusche, die nur schwer gelöscht werden kann und der Abnutzung der Zeit standhält.

VI. DIE TEXTSTRUKTUR DER *TORA*

Der Text wird ohne Vokale geschrieben, die Wörter also nur aus den Konsonanten gebildet – was das Lesen erschwert. Das korrekte Vorlesen und Vorsingen verlangt eine gute Vorbereitung. Es gibt keine Interpunktion, nichts zeigt den Rhythmus oder den Übergang von einem Satz zum anderen an, Punkte und Kommata fehlen ganz. Nichts unterbricht die Flut der Wörter, außer, von Zeit zu Zeit, unbeschriebene Zwischenräume oder Schriftlücken, die dem ungewohnten Auge wie Löcher inmitten der Schrift erscheinen. Der Text zwischen zwei unbeschriebenen Räumen entspricht einer *Parascha*, einem „Abschnitt". Die Trennung zwischen zwei Büchern der *Tora* wird durch einen Zwischenraum von vier Zeilen angezeigt.

Über gewissen Buchstaben sind kleine, „Kronen" genannte, Verzierungen angebracht.

Genauer: sieben der zweiundzwanzig Buchstaben des hebräischen Alphabets werden auf ihrer linken Seite mit drei kleinen Strichen, *Tagim* (Einzahl: *Tag*) oder *Ketarim* (Einzahl: *Keter*), das heißt „Kronen", verziert. Diese sieben Buchstaben heißen: *Schin, Ajin, Tet, Nun, Sajin, Gimel, Zadi.* Der Merkspruch dafür lautet: *Schaatnes-Gaz.*

Um den Sinn dieser Kronen zu verstehen, muß noch eine andere Bemerkung über die Buchstaben des Alphabets vorausgeschickt werden. Wie Rabbi Zadok Hakohen von Lublin unterstreicht, gibt es einen wesentlichen Unterschied zwischen der Schreibung hebräischer und lateinischer Buchstaben. Es geht dabei um die jeweilige Stellung der Buchstaben zur Zeile. In der lateinischen Schrift steht der Buchstabe auf der unteren Zeile, in der hebräischen Schrift dagegen hängt der Buchstabe an der oberen Zeile, zum Beispiel:

das *Chin* das *Lamed*

Die obere Zeile ist die Grenze der Schrift, sie hat eine symbolische Bedeutung, denn sie zieht die Grenze zwischen der Schrift und dem Jenseits der Schrift. Es ist bemerkenswert, daß keiner der zweiundzwanzig Buchstaben des hebräischen Alphabets diese Grenze überschreitet. Keiner, oder vielmehr fast keiner, denn es gibt eine Ausnahme:

Der Name dieses Buchstabens schließt den Sinn seiner Form ein: *Lamed* ist die semantische Wurzel von allem, was irgendeine Beziehung zum Lernen und zur Lehre hat; eine buchstäbliche Lehre dieses Buchstabens, der „Lernen" bedeutet. Lernen heißt, die Schriftlinie zu überschreiten, „über den Vers hinaus" zu gehen. *Lamed* heißt „lernen". Von diesem Buchstaben kommt das Wort *Talmud*, das Schlüsselwerk des jüdischen Denkens. Es ist nicht der Ort gesammelten Wissens, sondern die Forderung nach fortgesetztem Forschen, Fragen und Deuten. Es ist eines der 613 Gebote, das Buch zu schreiben. Daher die Gewohnheit, das Buch oder einen Teil des Buches im eigenen Namen zu schreiben oder schreiben zu lassen. Manche Gemeinden legen Geld zusammen, um ein *Sefer Tora* zu kaufen; jedes Mitglied kauft einen Buchstaben, ein Kapitel oder einen ganzen Abschnitt.

Die alten *Sifrei Tora*, die alten beschädigten Gebetbücher, die *Mesusot* und *Tfillin* werden auch nicht einfach vernichtet, sondern auf einem Teil des jüdischen Friedhofs begraben. Oder sie werden an einem Ort aufbewahrt, der *Genisa* heißt, was normalerweise einen Raum in der Synagoge bezeichnet, oder aber sich in ihrer Nähe befindet.

Die *Genisa* von Kairo, die am Ende des 19. Jahrhunderts entdeckt wurde, ist für die historische Forschung von unschätzbarer Bedeutung: Sie enthielt sehr alte Handschriften heiliger Texte und überaus wertvolle Auskünfte über Leben, Handel, Bräuche und Reisen vieler Juden während eines ziemlich langen Zeitraumes.

KAPITEL 8

DER SCHABBAT

DER *SCHABBAT* IST EINE DER WESENTLICHEN GRUNDLAGEN DES JUDENTUMS. ER IST EIN GEHEILIGTER RUHETAG

DER *SCHABBAT* IST NACH DEM BERICHT DER HEBRÄISCHEN BIBEL DER SIEBTE TAG DER SCHÖPFUNG. ES IST DER TAG, AN DEM DIE RUHE ERSCHAFFEN WURDE. DAS Wort *Schabbat* bedeutet auf hebräisch die Unterbrechung jeder schöpferischen Tätigkeit.

Es ist ein Ruhetag für das ganze jüdische Haus, den Herrn und den Sklaven, das Tier und den Fremden.

Das Gebot der *Schabbatruhe* ist das vierte der Zehn Gebote. In diesem Gebot wird daran erinnert, daß die Juden dieses Gebot zum Gedenken an den Auszug aus Ägypten befolgen sollen.

Das vierte Gebot erinnert auch daran, daß Gott die Welt in sechs Tagen erschaffen und sich am siebten ausgeruht hat; deshalb hat er den Tag des *Schabbat* gesegnet und geheiligt.

Am siebten Tag ist es verboten zu arbeiten, aber wir haben die Pflicht, gewisse andere Dinge zu tun.

Bevor wir die lange Liste der Verbote und Pflichten durchgehen, zählen wir eine Reihe von Begriffen auf, die dem Leser vielleicht fremd vorkommen dürfte; wir werden sie jedoch gleich entschlüsseln: die Neununddreißig Arbeiten, der *Eruw*, das Lichtanzünden am Freitagabend, der *Kiddusch*, die *Challot*, die Lesung der *Tora*, die drei *Se'udot*, die *Hawdala*.

1. DIE NEUNUNDDREISSIG ARBEITEN

Das sind die Arbeiten, die am *Schabbat* verboten sind. Der *Talmud* leitet diese Arbeiten aus der Deutung der folgenden Verse ab: „Ihr sollt mein Heiligtum bauen, doch meine Sabbate sollt ihr beobachten." (1) Das wird so verstanden, daß alle Arbeiten, die zum Bau des Tempels notwendig waren, am Tag des *Schabbat* verboten gewesen sind. Wie der Philosoph A. J. Heschel in seinem Buch mit dem höchst bedeutsamen Titel *Die Bauleute der Zeit* (2) gezeigt hat, kommt es für den Menschen darauf an, die Dimensionen des Raumes und der Technik zu verlassen und in die innerlichere Dimension der Zeit einzutreten. Die neununddreißig verbotenen Hauptarbeiten und die davon abgeleiteten Nebenarbeiten stellen ein breites Spektrum der schöpferischen Tätigkeit oder Umwandlung dar. Die Hauptarbeiten sind: 1. Säen; 2. Ackern; 3. Mähen und Ernten; 4. Garben binden; 5. Dreschen; 6. Worfeln; 7. Auslesen; 8. Mahlen; 9. Sieben; 10. Kneten; 11. Backen; 12. Wolle scheren; 13. Wolle waschen; 14. Wolle klopfen; 15. Wolle färben; 16. Spinnen; 17. Weben; 18. zwei Bindelitzen machen; 19. zwei Fäden weben; 20. zwei Fäden trennen; 21. einen festen Knoten knüpfen; 22. einen festen Knoten auflösen; 23. zwei Stiche nähen; 24. zerreißen, um mit zwei Stichen zusammenzunähen; 25. einen Hirsch fangen; 26. ein Tier schlachten; 27. ein Tier häuten; 28. die Haut salzen; 29. das Fell gerben; 30. die Haare abschaben; 31. das Fell zerschneiden; 32. zwei Buchstaben schreiben; 33. zwei Buchstaben auslöschen, um sie wieder zu schreiben; 34. Bauen; 35. einen Bau einreißen;

240
שחרית לשבת ויום טוב
ישמח משה במתנת חלקו, כי
עבד נאמן קראת לו,
כליל תפארת בראשו נתת לו,
בעמדו לפניך על הר סיני,
ושני לוחות אבנים הוריד
בידו, וכתוב בהם שמירת
שבת, וכן כתוב בתורתך:

36. Feuer löschen; 37. Feuer anzünden; 38. mit dem Hammer ein Werk vollenden; 39. aus einem Bereich in den anderen tragen. (3)

Zu dieser an sich schon eindrucksvollen Liste der Hauptarbeiten haben die Weisen noch die Nebenarbeiten hinzugefügt. So ist es etwa verboten, eine beliebige Speise zu backen. Das wird aus dem Verbot, am *Schabbat* Brot zu backen, abgeleitet. Hinzu kommt, daß man vor dem *Schabbat* eine ganze Reihe von Dingen aus seinem Blickfeld entfernen sollte, etwa Bleistifte, mit denen man schreibt oder Streichhölzer, mit denen man Feuer anzündet, weil deren Berührung dazu führen könnte, sie aus Versehen zu benutzen.

Diese zusätzlichen Verbote werden als Zäune betrachtet, die die Einhaltung des *Schabbat* sichern sollen. Immerhin ist zu unterstreichen, daß alle *Schabbatgebote* außer Kraft gesetzt sind, sobald es darum geht, ein Leben oder einen Menschen in Gefahr zu retten.

Die zahlreichen Verbote, die scheinbar die Freiheit einschränken, eröffnen in Wirklichkeit einen Freiraum für andersartige Beschäftigungen. Denn während der Woche besetzt der Mensch den Raum, während des *Schabbats* hingegen die Zeit; während der Woche setzt er seine Beziehung zu den Sachen ein, während des *Schabbats* die zu den anderen Menschen. Der *Schabbat* ist der Ruhe gewidmet, aber auch dem Studium, dem Gespräch, dem Spaziergang, dem Besuch von Freunden … Philosophischer, aber einfach ausgedrückt: die Entfernung der Objekte läßt eine Aufwertung des Subjekts zu, das heißt, des Menschen, der sich selbst und seinem Nächsten von Angesicht zu Angesicht begegnet. Die *Schabbatzeremonien* betonen – insgesamt gesehen – diese soziale Dimension der Begegnung und der Tischgemeinschaft.

II. DIE *NEROT*: DIE KERZEN VOM FREITAGABEND

Der Beginn des *Schabbats* wird durch das Entzünden von zwei Kerzen angezeigt … Doch das Programm des *Schabbattages* fängt in Wirklichkeit lange vor dem Beginn des *Schabbats* an. Wenn der *Schabbat* beginnt, muß alles schon vorbereitet sein: das Haus muß sauber, die Mahlzeit gekocht, der Tisch gedeckt, das Bad genommen und die ganze Familie feierlich gekleidet sein. Der *Schabbat* beginnt eine Stunde vor Einbruch der Nacht und endet am Samstag bei Einbruch der Nacht, dauert also 25 Stunden.

Zwei Kerzen oder mehr werden in die Kerzenständer gesteckt. Von diesen Leuchtern gibt es sehr schöne Exemplare aus fein gearbeitetem silbernem Filigran. Sie nehmen in der traditionellen jüdischen Kunst eine besondere Stellung ein. In jedem jüdischen Haus sind diese Leuchter ein wichtiges Symbol der Anhänglichkeit an die traditionellen Werte. Häufig haben sie bis heute, trotz der starken Assimilation, ihren Platz in den Familien bewahrt, obwohl der *Schabbat* nur noch eine Erinnerung ist, die mit den Eltern und Großeltern verbunden wird. Das Entzünden der Kerzen zeigt den Beginn des *Schabbat* an. Im allgemeinen sagt die Hausherrin den Segensspruch, der diese zeremonielle Handlung begleitet. Die Kerzen heißen *Nerot schel schabbat*, in der Einzahl heißt die Kerze *Ner*. Die Kabbalisten sagen, daß diese Lichter die Sünde des ersten Menschen wiedergutmachen. Das Licht der *Schabbatkerzen* löscht die Dunkelheit der Ursünde. Nach dem Lichtanzünden, geht man in die Synagoge zum Freitagabendgebet, das sich von dem Gottesdienst an den anderen Abenden der Woche unterscheidet. Wieder zu Hause werden noch einige Loblieder gesungen, dann segnen Vater und Mutter ihre Kinder durch Handauflegen und das Aufsagen einiger Verse aus der *Tora*.

III. DER *KIDDUSCH* ODER *GEFEN*:
DER WEINBECHER

Der *Schabbat* und die Feiertage sind Zeiten der Begegnung zwischen Gott und dem Menschen, wie auch zwischen den Menschen. Diese Zeiten der Begegnungen (*Moadim*) werden als heilig betrachtet. Die Heiligung der Zeit wird in der jüdischen Tradition stets mit einem Segensspruch über dem Wein verkündet.

Die Zeremonie des *Kiddusch*, was buchstäblich „Heiligung" heißt, besteht darin, einen besonderen Segen über einem Becher Wein zu sprechen. Auf dieser materiellen Grundlage kann die Zeit geheiligt werden. Sie eröffnet viele Feiertagsmahlzeiten, in diesem Fall die erste Mahlzeit des *Schabbat*. Diese Zeremonie wird von einigen auch *Gefen* (Wein) genannt.

In diesem Segen wird daran erinnert, daß der *Schabbat* ein Andenken an die Schöpfung der Welt ist: Gott hat die Welt in sechs Tagen erschaffen, am siebten Tag hat er mit dem Schöpfungswerk aufgehört. Deshalb muß auch der Mensch an diesem Tag mit seiner Arbeit aufhören. Andererseits – ein ebenfalls bereits angerissenes Thema – wird auch daran erinnert, daß der *Schabbat* ein Andenken an den Auszug aus Ägypten und an die Wüstenwanderung ist. Die Kabbalisten heben hervor, daß der Zahlenwert des hebräischen Wortes *Kos*, das Becher oder Trinkglas (für den Wein) bedeutet, ebenso wie der Zahlenwert des Gottesnamens *Elohim* 86 beträgt. Die kabbalistischen Texte stellen auch fest, daß der Zahlenwert des Weins (70) dem Wort *Sod* entspricht, das „Geheimnis" bedeutet. Auf solchen Zahlen- und Buchstabenspielen beruhen zahlreiche Spekulationen. Durch das Einzeichnen der Sprache in den Stoff der Dinge ermöglichen sie eine Erhellung des Ritus. Nach der gleichen kabbalistischen Tradition muß der *Kidduschbecher* mit beiden Händen erhoben werden …

IV. DIE *CHALLOT*:
DIE SCHABBATBROTE

Nach dem *Kiddusch* wäscht man sich in einer besonderen Schüssel, dem *Keli*, die Hände (*Netilat jadajim*). Dann sagt man den Segensspruch über die *Challot*, die mit einem kleinen, manchmal reich verzierten – *Mappa* genannten – Tischtuch, zugedeckt sind. Die *Schabbatmahlzeit* beginnt mit dem Segen, der über die *Schabbatbrote* gesprochen wird. Diese zwei geflochtenen Brote erinnern an die doppelte Portion *Manna* (4), die am Freitag auf den Wüstenboden fiel. Sie werden speziell für den *Schabbat* gemacht und jede Frau hat dafür ihr eigenes Rezept.

Es ist interessant, daß die ursprüngliche Bedeutung des *Manna* auf eine der Kraftlinien des Judentums hinweist. Denn nachdem sich die Kinder Israels bei Moses über ihren Hunger und Durst beklagt hatten, ließ Gott ein feines weißes Korn, das so aussah wie Bdelliumharz und das vorher noch kein Mensch gesehen hatte, auf die Oberfläche der Wüste niedergehen. Als die Kinder Israels am Morgen nach dem Niederschlag des *Manna* ihre Zelte verließen, fragte einer den anderen: „Was ist das?", und Mose antwortete ihnen: „Dies ist das Brot, das euch Gott zu essen gibt!" Später sagte Gott zu ihnen: „Weil ihr gesagt habt: ‚Was ist das?' (5) soll der Namen dieses Brotes: ‚Was ist das?' sein." Während vierzig Jahren haben die Kinder Israels „Was ist das?" gegessen. Eine grundlegende Erfahrung des Fragens, die den Menschen für das Forschen und für das Abenteuer öffnet.

Indem der *Schabbat* also mit dem Segen über die *Challot* anfängt, tritt man in die Zeit des *Schabbat* durch die Frage ein, durch die Infragestellung seiner selbst sogar, die eine Erneuerung des Seins ermöglicht.

Wir haben schon mehrmals unterstrichen, daß der *Schabbat* ein Ruhetag ist. Er bedeutet

לכבוד
שבת

genaugenommen eine Unterbrechung der schöpferischen Tätigkeit; wir treten in die Leere ein, nicht um sie auszufüllen, sondern um einer Überfülle des Seins abzuwehren, die uns zu ersticken droht. Die vom *Manna* aufgeworfene Frage gibt uns die Möglichkeit, die Zeit zu gestalten; dazu muß noch gesagt werden, daß der Ausdruck: „Da ist das Manna" auf hebräisch *Se Man* lautet, was nichts anderes als „die Zeit" bedeutet.

Während der Mahlzeit werden *Schabbatlieder*, die *Smirot*, gesungen und mit dem Tischgebet, dem *Birkat hamason*, geschlossen.

V. DIE LESUNG DER *TORA* IM *SCHABBATMORGENGOTTESDIENST*

Einer der wichtigen Augenblicke des *Schabbat* ist die feierliche Lesung der *Tora* im Morgengottesdienst. Am Samstagvormittag beginnt der Gottesdienst mit dem Morgengebet, dann folgt die Lesung eines *Toraabschnitts*. Jeder Wochenabschnitt bzw. jede *Parascha* wird in sieben Unterabschnitte aufgeteilt und zu jedem dieser Abschnitte wird jemand aufgerufen, um der Vorlesung aus der Nähe zu folgen. Dann wird ein Abschnitt aus den Propheten vorgelesen, der mit dem Wochenabschnitt in Verbindung steht: die *Haftara*. Auf die *Toravorlesung* folgt das Zusatzgebet des *Schabbats*, das *Mussaf* (d. h. zusätzlicher Gottesdienst), welches den Morgengottesdienst beschließt.

VI. DIE DREI *SE'UDOT*

Der *Schabbat* ist eine Zeit der Begegnung und der Tischgesellschaften. Das äußert sich vor allem in gemeinsamen Mahlzeiten mit der Familie und Freunden, wo gesungen wird und wo die Stellen aus dem Wochenabschnitt, der am *Schabbat* gelesen wird, besprochen werden.

Es ist Brauch, am *Schabbat* drei *Se'udot* (drei *Schabbatmahlzeiten*) einzunehmen. Eine *Se'uda* ist eine Mahlzeit, die man mit dem Segensspruch über zwei Brote beginnt und mit dem Aufsagen des *Birkat hamason*, des Segens über die Nahrung, beendet. Die erste *Se'uda* findet am Freitagabend statt. Nach dem Morgengottesdienst setzt man sich zur zweiten *Se'uda*.

Wie am Freitagabend fängt man mit dem *Kiddusch* an, worauf der Segensspruch über die beiden Brote folgt. Die dritte *Se'uda* oder *Se'uda Schlischit* wird nach dem Nachmittagsgebet, kurz vor dem Ende des *Schabbats* eingenommen. Während dieses Abschlußmahls werden schwermütige Lieder angestimmt, denn man ist traurig, die Heiligkeit und die besondere Stimmung des *Schabbat* bald verlassen zu müssen.

VII. DIE *HAWDALA*: DIE SCHLUSSZEREMONIE DES *SCHABBAT*

Der *Schabbat* endet mit einem Unterscheidungsritual, das jüdische Künstler stark inspiriert hat, weil diese Zeremonie von großer Poesie und symbolischer Tragweite ist. Im Licht- und Schattenspiel, das die Flamme einer geflochtenen Kerze wirft, werden die Segenssprüche über den Wein, über den wohlriechenden Duft, über Licht und die Unterscheidung zwischen der heiligen Zeit des *Schabbat* und der profanen Zeit der anderen Wochentage gesprochen.

Das Wort *Hawdala* bedeutet Unterscheidung, nämlich zwischen dem *Schabbat* und der Zeit nach dem *Schabbat*. Am Samstag, nach Einbruch der Nacht, wird eine letzte Weihezeremonie vorgenommen: erst wird der Wein gesegnet, dann duftende Gewürze, die an den Wohlgeruch des *Schabbats* erinnern und schließlich die Flamme, in deren Widerschein wir unsere Nägel betrachten, um an die Durchsichtigkeit des ersten Menschen im Gegensatz zu unserer Undurchsichtigkeit zu gemahnen. Am Schluß der Zeremonie löscht man

die Kerze im Wein, von dem ein wenig ausgeschüttet wurde. Im Gegensatz zum *Kiddusch* wird den Anwesenden der Wein der *Hawdala* nicht gereicht, sondern allein von dem getrunken, der die *Hawdala* vornimmt. Abschließend ist es Brauch, gute Wünsche für die ganze Woche auszusprechen.

Die *Hawdala* zeigt an, daß alle *Schabbatverbote* aufgehoben sind. Die Gegenstände dieser Zeremonie haben die künstlerische Herstellung einer großen Vielfalt von schönen und seltenen Stücken angeregt: etwa *Bssamim*, der Halter für die geflochtene *Hawdalakerze*. Der originellste Gegenstand dieser Zeremonie ist die Gewürzbüchse (*Bssamim*), die in Deutschland und in den osteuropäischen Ländern *Bssumimbüchse* heißt. Am meisten verbreitet sind Büchsen in Form von Türmchen. Es kommen aber auch Büchsen in Form von Blumen, Eiern, Eicheln, Fischen, sogar von Dampflokomotiven, Störchen, Hähnen, Windmühlen und Kutschen vor. Meistens sind sie aus massivem oder aus filigranem Silber. Für die *Hawdalazeremonie* werden die Gewürzbüchsen traditionell mit Gewürznelken oder Myrtenblättern gefüllt.

Was ist nun der Sinn des Duftrituals? Weshalb soll man wohlriechende Gewürze am Ende des *Schabbat* riechen? Nach den kabbalistischen Kommentaren bekommt der Mensch zu Beginn des *Schabbat* eine zusätzliche Seele, die auf hebräisch *Neschama jetera* heißt. Diese Seele, die dem *Schabbat* seinen besonderen Geschmack verleiht, kehrt nach dem Ausgang des *Schabbat* wieder in die Welt der Seelen zurück. Der Mensch, der diesen Verlust empfindet, fällt in tiefe Sehnsucht und benutzt den wohlriechenden Duft, um sich wieder aufzurichten.

(1) Nach *Exodus* 31, 11–13. Im *Talmud, Traktat Schabbat* 70a werden die Neununddreißig Arbeiten aus *Exodus* 35, 1 abgeleitet. (Anm. d. Übers.)
(2) Der englische Orginaltitel lautet: *The Sabbath. Its Meaning for Modern Man*. New York, 1981.
(3) Es handelt sich um das Verbot, etwas von einem privaten in einen öffentlichen Bereich hinauszutragen, bzw. im öffentlichen Bereich weiter als vier Ellen (etwa zwei Schritte) zu tragen. Wenn man jedoch ein Gebiet, und sei es auch eine ganze Stadt, mit einer Schnur, die Pfähle von mindestens vierzig Zentimetern Höhe verbindet, umgibt, dann wird das Gebiet als geschlossener Bezirk betrachtet, und es ist erlaubt, darin am *Schabbat* Gegenstände zu tragen. Diese *Schabbatschnur* heißt *Eruw*.
(4) Während der langen Zeit der Wüstenwanderung haben sich die Hebräer von Manna und Wachteln ernährt, die durch ein Wunder vom Himmel fielen. Allerdings mußte man, wie die Bibel näher bestimmt, am Freitag zwei Portionen einsammeln, weil am Schabbat kein Manna fiel.
(5) Auf hebräisch: *Man hu*

KAPITEL 9

DAS SCHOFAR

DAS *SCHOFAR* IST DAS WIDDERHORN, DAS AM TAG VON *ROSCH HASCHANA*, DEM JÜDISCHEN NEUJAHR, UND AM TAG VON *JOM KIPPUR*, DEM TAG DER „GROSSEN VERSÖHNUNG“, ALS MUSIKINSTRUMENT BENUTZT WIRD

ALS ABRAHAM GEMÄSS DEM GÖTTLICHEN BEFEHL SEINEN SOHN OPFERN WOLLTE, GRIFF IM LETZTEN AUGENBLICK EIN ENGEL EIN, UM die Mörderhand zurückzuhalten und bestimmte anstelle von Isaak einen Widder zum Opfer. Die sogenannte „Opferung Isaaks“ wurde zur „Nichtopferung Isaaks“. Das war eine Revolution in der menschlichen Denkart: von dem Tag an wurden keine Menschenopfer mehr dargebracht. Zum Andenken an das Tier, das Isaak das Leben gerettet hat, wird das Widderhorn geblasen, was symbolisch bedeutet, daß, wenn ein Mensch sterben muß, sich für ihn das gleiche Wunder wie für Isaak ereignen soll. Es ist daher verständlich, daß das *Schofar* an den Tagen von *Rosch haschana* und *Jom kippur*, den Tagen des Gerichts und der Vergebung, eine bevorzugte Stellung einnimmt.

Es gibt drei Arten von Signalen. Das erste, langgezogen und ohne Unterbrechung, wird *Tekia* genannt, was soviel wie „im Boden befestigt, eingerammt sein“ bedeutet.

Die zweite Art des *Schofarsigals* besteht aus drei gleich langen Tönen von je einem Drittel der *Tekia*. Diese Art wird *Schwarim* – „Brüche“ – genannt.

Die dritte Art besteht aus neun kurzen Tönen gleicher Länge von je einem Neuntel der *Tekia* oder auch einem Drittel der *Schwarim*. Diese Art wird *Trua* genannt, was soviel wie „Erschütterung, Aufbruch“ bedeutet. Wenn alle Signale „gespielt“ worden sind, wird mit einer weiteren *Tekia* (langer Ton) geschlossen.

Tekia ————————————————

Schwarim ————— ————— —————

Trua —— —— —— —— —— —— —— —— ——

Tekia ————————————————

Der Ritus des *Schofars* symbolisiert eine moralische Bestimmung des Menschen. Der Bruch der *Schwarim* soll daran erinnern, daß der Mensch aus der Gefangenschaft in einem Begriff ausbricht. Das ist seine Freiheit, die ihn von den Artefakten und den Tieren unterscheidet. Die Gegenstände sind bestimmte Dinge, während der Mensch vollkommen unbestimmt ist. Er ist nicht erkennbar und nicht vorstellbar. Er ist gebrochen, weil er es ablehnt, sich einem Begriff zuzuschreiben und sich in irgendeine historische oder natürliche Bestimmung einzuschließen. Auf hebräisch bedeutet das Wort für „Ich“ auch „Nichts“: *Ani* und *Ajin*, um, dem *Sohar* zufolge, dem Menschen beizubringen, sich von jeglicher Wesensbestimmung loszureißen. Der *Sohar* geht noch weiter, wenn er die zahlenmäßige Übereinstimmung des Wortes *Adam* (der Mensch) und *Ma* (was? was ist?) unterstreicht.

Der Mensch ist wesentlich ein *Ma*, eine Frage über sich selbst. Damit beschwört er die Gefahr einer endgültigen Identität, sei sie natürlich

oder gesellschaftlich. Der „Mensch-was?“ (*Adam-Ma*) bezeichnet sich als den Ort der Frage, auf hebräisch *Seman*: „das ist hier die Frage“, ein Ausdruck der auch „Zeit“ bedeutet: menschliche Zeit, unbestimmt, im Gegensatz zur bestimmen Zeit. (1)

Im *Schofarsignal* hallt das Bilderverbot wieder. Dieses Verbot betrifft nicht den Götzen, sondern den Menschen selber. Es gibt keine Götzen, sondern nur Götzendiener! Das Bilderverbot warnt vor der ständigen Gefahr für den Menschen, sich mit seinen besonderen Bestimmungen zu verwechseln. Es kommt häufig vor, daß der „Mensch-was?“ (*Adam-Ma*), der zeitweilig oder endgültig eine eingebildete Vorstellung von sich selbst angenommen hat, zu einem „Da-ist-der-Mensch-der-ich-bin“ wird, der sich mit einer Persönlichkeit oder einer Rolle identifiziert. So hört er auf, ein „Nichts“ zu sein und wird ein Ding. Bei dieser Verdinglichung verliert der Mensch seine Freiheit. Zum Bild geworden, dem er entschlossen ist anzuhängen, hebt er den inneren Abstand, das Nichts, den Antrieb seines Werdens auf und verliert seine Fähigkeit zur Veränderung, die ihn zum moralischen Wesen macht.

Um auf die *Schofarsignale* zurückzukommen: Man kann fragen, warum auf die *Schwarim* eine *Trua* folgt. Warum müssen die zersprungenen Klänge ein zweites Mal gebrochen werden? Es gibt nämlich noch eine andere Abweichung von der Identität, von der endgültigen Identifikation: der Bruch kann auch zu einer festen Einrichtung werden. So stößt man auf Menschen, die mit ihrem gebrochenen Bild zufrieden sind. Der Bruch, von dem wir sprachen, muß aber dynamisch sein und vorantreiben. Die *Trua* weist auf die Notwendigkeit eines Bruchs des Bruchs hin und auf die plötzliche Selbstfindung.

Es ist auch interessant zu bemerken, daß das Wort *Schofar* auch den ästhetischen Aspekt der Dinge als Verbesserung und Verschönerung bedeutet. Die Lehrer des *Talmuds* haben die moralische Verschönerung immer in der eben bestimmten Weise dargestellt: als Verwandlung und stete Veränderung des Menschen. Das Wort *Schofar* kann auch Kommentar oder Auslegung bedeuten: *Perusch* (die hebräische Sprache erlaubt durch eine spielerische Buchstabenversetzung eine mehrfache Lesart des Wortes). (2)

Die Dynamik des Bruchs, des Bruchs des Bruchs und der Wiederversammlung hat eine enge Beziehungen zur Deutung der Texte und der Welt. Die ethische und hermeneutische Beziehung ist nicht nur eine Erfahrung des Verständnisses von Wörtern und Texten, sondern auch eine grundlegende existentielle Haltung, die die Selbsterfindung ermöglicht.

Deuten, Studieren, das heißt sich deuten …

(1) Der Verfasser setzt der infinitiven die definitive Zeit entgegen. (Anm. d. Übers.)

(2)Diese Reflexion beruht auf der Verwandschaft von *Schofar* und dem Verb *Lischpor*, „gut sein“, „schön sein“ bzw., im *Piel*, „bessern“, „bessermachen“. Das Nomen *Schäfer* bedeutet „Schönheit“. Der Zusammmenhang des *Schofars* mit dem Kommentar ergibt sich aus der Versetzung der Buchstaben SCH P R in P R SCH. (Anm. des Übers.)

KAPITEL 10

ROSCH HASCHANA

DAS JÜDISCHE NEUJAHR

ROSCH HASCHANA, DAS JÜDISCHE NEUJAHR, DAUERT IN ISRAEL WIE IN DER DIASPORA ZWEI TAGE UND FÄLLT AUF DEN 1. UND 2. TAG DES MONATS *TISCHRI*. Dieser Feiertag ist der Auftakt zu einer zehntägigen Periode, die bis *Jom kippur* dauert und die „Zehn Bußtage" genannt wird.

Es ist sowohl in spiritueller als auch in psychologischer Hinsicht ein wichtiger Feiertag, denn er erlaubt dem Menschen alljährlich, eine Bilanz seiner Handlungen, Gedanken, Entschlüsse und Lebensentscheidungen zu ziehen. Die ganze Liturgie, die Gebete und die vorgelesenen biblischen Abschnitte sprechen von der inneren Kraft, die jeder Mensch besitzt, um sein Dasein umzuwälzen und einen oder mehrere neue und originelle Wege zu finden.

Verlaßt die Routine, verlaßt die Gewohnheiten, verlaßt die Trägheit des Seins: das sind die Aufforderungen des *Rosch haschana*-Fests. Wir finden den gleichen Inhalt im *Jom kippur*-Fest wieder, das zehn Tage später stattfindet und das wie eine Art Bestätigung der zu *Rosch haschana* gefaßten Entschlüsse ist.

Der Vorbeter ist in Weiß gekleidet, um den Ernst der Lage zu unterstreichen, auch wenn es kein trauriger Feiertag ist.

Um die Rückkehr zu sich selbst anzuregen, wird bei den Morgengottesdiensten in der Synagoge mehrmals das *Schofar* geblasen. Dieses Signal rüttelt den Menschen auf und stellt ihn wieder in Frage. Jeder, ob Mann, Frau oder Kind, ist dazu verpflichtet, die Signale des *Schofars* zu hören. Zu den kranken oder gehbehinderten Personen (wie Frauen, die eine schwierige Schwangerschaft durchmachen) schickt die Gemeinde jemanden zum Blasen des *Schofar* ins Haus.

Die beiden Festabende sind Anlaß für einen ungewohnten Speisezettel, was in den sephardischen Gemeinden noch stärker betont wird. Besondere, nur für diesen Abend zubereitete Speisen werden aufgetragen und unterstützen die Neujahrswünsche. Die aus Osteuropa stammenden aschkenasischen Gemeinden haben die Gewohnheit, an beiden Abenden von *Rosch haschana* ein Stückchen Apfel in Honig zu tauchen und zu sprechen: „Möge dieses Jahr so süß sein, wie der in Honig getauchte Apfel." (1)

Nachdem das Brot gesegnet worden ist, wird es ebenfalls in Honig getunkt und nicht, wie sonst üblich, in Salz.

In den sephardischen Gemeinden, die hauptsächlich aus Spanien und den arabischen Ländern stammen, wird ein regelrechter *Seder* veranstaltet, ein echtes Ritual: die Festtafel ist prächtig geschmückt und ausschließlich mit süßen Speisen bedeckt. Je nach Ursprungsland gibt es gewisse Abweichungen, aber der Gedanke ist der gleiche. Es geht darum, an diesen beiden Abenden Speisen zu verzehren, deren hebräischer oder aramäischer Name auf ein Zitat aus der Bibel anspielt, sei es, um das jüdische Volk zu segnen oder seine Feinde zu verdammen – ein spielerisches Hin und Her

zwischen dem Wort und der Nahrung. Am Abend von *Rosch haschana* „essen wir das Buch!" Es ist ein Abend der „Speisen und Wörter". (2)

Auf der marokkanischen Tafel wird zum Beispiel folgendes aufgetragen:

- eine mit heurigen, vorzugsweise roten Äpfeln gefüllte Kompottschale;
- ein kleiner Honigtopf, in den man ein Stückchen Apfel mit der Bitte taucht, daß das Jahr so süß sein möge, wie der in Honig getauchte Apfel;
- eine Schälchen mit Sesam und Puderzucker, das man mit der Bitte erhebt, so zahlreich zu werden, wie die Sesamkörner;
- ein Teller mit frischen Datteln, mit denen man die Hoffnung verbindet, daß alle unsere Feinde verzehrt werden mögen;
- eine Schale mit Granatapfelkörnern und Orangenblütenwasser, auf daß unsere Verdienste so zahlreich wie die Körner des Granatapfels sein mögen;
- ein Teller mit überreifen Früchten, auf daß sich unsere Feinde von uns entfernen;
- ein Teller mit einem Schafskopf, auf daß wir stets an der Spitze vorankommen und nicht zurückbleiben;
- ein Teller mit einem Fisch, weil die Fische stets die Augen offen halten, stets wachsam und sehr zahlreich sind;
- eine große Schüssel mit sieben Gemüsesorten: Karotten, auf daß alle uns betreffenden schlimmen Urteile kassiert werden mögen, zweierlei Arten von Kürbissen, die die gleiche Bedeutung haben wie die Karotten, Kichererbsen, weiße Rüben, Zwiebeln und Rosinen;
- eine Schale mit grünen Oliven, als Frucht des Landes Israel;
- ein *Kidduschbecher*;
- die Brote des Festes, die ebenfalls in Honig getunkt werden.

Es kommen auch, je nach Brauch, Lauch, grüne Bohnen, Quitten, Trauben und Brustbeeren vor, denn diese Früchte sind neu wie das Jahr.

Guten Appetit, ein gutes Jahr, *Schana Towa*!

(1) Der Segensspruch lautet wörtlich: „Möge es wohlgefällig vor dir sein, uns ein gutes und süßes Jahr zu erneuern." (Anm. d. Übers.)

(2) Unübersetzbares Wortspiel zwischen dem französischen „mets" und „mots". (Anm. d. Übers.)

KAPITEL 11

JOM KIPPUR

DIE GROSSE VERSÖHNUNG

JOM KIPPUR, ODER EINFACHER *KIPPUR*, IST DER VERSÖHNUNGSTAG. ES IST DAS BEKANNTESTE UND VON DEN JUDEN DER GANZEN WELT AM MEISTEN GEACHTETE FEST; ein außergewöhnliches geistiges und seelisches Ereignis. Der Mensch ist kein Gefangener seiner Vergangenheit. Was immer er für Fehler, Irrtümer oder Verbrechen begangen haben mag, es kann ihm verziehen werden. Der Mensch, der sich entschlossen hat, sich zu ändern, sich wieder in Frage zu stellen und mit sich selbst in Einklang zu sein, wird frei, ihm ist verziehen, und er öffnet sich für die Unendlichkeit der Zeit. Es gibt hauptsächlich drei Wege die Vergebung zu erlangen:

1. das Gebet, in dem die Vergehen aufgezählt werden und um Vergebung gebeten wird;
2. das Fasten, um sich dieser geistigen Revolution ganz widmen zu können;
3. das Almosen oder *Zdaka*, in dem die Bedeutung, die dem anderen Menschen gegeben wird, zum Ausdruck kommt.

Jom kippur ist der Höhepunkt der zehn Bußtage, die mit *Rosch haschana* begonnen haben. Es ist ein Tag strengen Fastens, der vom Sonnenuntergang bis zum Einbruch der Nacht am Abend des nächsten Tages dauert. Das hebräische Datum ist der 10. *Tischri* – im September.

Es ist Brauch, am Vorabend des Fasttags den Armen Geld und Speise zu geben. Zu diesem Zweck finden sich in den jüdischen Geschäften fast überall auf der Welt, in Israel sogar auf den Straßen, in den Mauern der Häuser eingelassen oder an den Baumstämmen hängend, sogenannte *Zedaka*-Büchsen. An diesem Rüsttag von *Kippur* verrichtet man eine *Kappara* genannte Zeremonie, in deren Verlauf ein Hahn oder eine Henne über jedes Haupt geschwungen wird. Dann wird das Tier geschächtet und sein Fleisch oder dessen Geldwert den Armen gespendet. Auf diese Weise entlastet man sich symbolisch vom Gewicht seiner Sünden. Dieselbe Zeremonie kann genausogut mit Geld statt mit Tieren ausgeführt werden.

Um die Mitte des Nachmittags des Rüsttags von *Kippur* ißt man die letzte Mahlzeit vor dem Fasten. Dann zündet die Herrin des Hauses, wie zum *Schabbat*, zwei Kerzen an.

Fünf Verbote sind mit dem Fasten von *Kippur* verbunden. Es ist verboten zu essen und zu trinken, sich zu waschen und sich mit wohlriechenden Ölen zu salben, Geschlechtsverkehr zu haben und lederne Schuhe anzuziehen. An diesem Tag trachtet man nicht nach Bequemlichkeit, deshalb trägt man im allgemeinen Schuhe mit Plastiksohlen.

Jeder, der die religiöse Volljährigkeit erreicht hat, ist zum Fasten verpflichtet.

Fünf Gebete begleiten das fünfundzwanzigstündige Fasten, das mit dem Blasen des *Schofar*, einem Echo der Hoffnung und der Befreiung, schließt.

Almosen- oder Zdakabüchse. Am Abend von Kippur Geld zu spenden ist, mit Fasten und Beten, eines der hauptsächlichen Werke. Denn es heißt in der Bibel: „Die Zdaka rettet vor dem Tod." (Sprüche 10, 2)

צדקה
לע״נ
רבי מאיר בעל הנס
זיע״א
אלקא דמאיר
Yale

KAPITEL 12

DIE SUKKA

DAS LAUBHÜTTENFEST

WÄHREND DES *SUKKOT*- ODER HÜTTENFESTS, DES DRITTEN WALLFAHRTSFESTS IM JÜDISCHEN JAHR, WERDEN KLEINE, *SUKKA* GENANNTE, HÜTTEN GEBAUT. Dort soll man des vierzig Jahre währenden Aufenthalts in der Wüste – nach dem Auszug aus Ägypten – gedenken.

Nach den Festen von *Rosch haschana* (dem jüdischen Neujahr) und *Kippur* (dem großen Versöhnungstag), in deren Verlauf der Ritus des *Schofars* ausgeführt wird, kommt das *Sukkot*- (Einzahl: *Sukka*) oder Laubhüttenfest, das in Israel sieben und in der Diaspora acht Tage dauert.

Dieser Feiertag hat drei verschiedene Namen: Laubhüttenfest, Erntedankfest und „Zeit unserer Freude".

Für die Zeit dieses Festes baut man eine Hütte, die *Sukka* genannt wird. Das Wort kommt von *Sach*, das Bedeckung oder Dach bedeutet. Die *Sukka* erinnert an den vierzig Jahre dauernden Aufenthalt der Hebräer in der Wüste: ein prekäres Wohnen und Leben.

Die *Sukka* wird ausdrücklich deshalb hergestellt, damit jene Raumerfahrung gemacht werden kann, die sich auf einen entstehenden, im Gegensatz zu einem vollendeten, Raum bezieht. Sie muß für das Fest gebaut werden und ist von einem Jahr zum anderen rituell ungültig, sie muß immer wieder ganz neu errichtet werden und darf nicht schon fertig sein (auf hebräisch: *Taasse welo min heassuje*).

Die Wände der *Sukka* können fixiert werden und aus festem Material sein. Das Dach hingegen muß aus abgeschnittenem Gewächs (Holz, Latten, Binsengras, Schilfrohr, Tannenzweige …) angefertigt werden. Der Schatten, der durch das Dach in die *Sukka* fällt, muß die Sonne überwiegen.

Das Dach ist der wichtigste Bestandteil der *Sukka*, das *Sach*, dem der Wohnraum insgesamt seinen Namen verdankt: *Sukka*. Das Dach der *Sukka* ist keine Begrenzung, sondern eine Einladung, eine Aufforderung zur Überschreitung.

Man muß über sich selbst hinausgehen. Es ist kein Zufall, daß der ganze Monat *Tischri*, in dem das *Sukkotfest* stattfindet, unter dem Zeichen des Buchstabens *Lamed* steht, der, wie wir im 7. Kapitel erklärt haben, die Grenzüberschreitung versinnbildlicht.

Der Mensch denkt so, wie er wohnt. Die Art, wie der Mensch die Erde, den Raum oder den Körper bewohnt, sagt mehr über den Geist des Menschen aus, als seine Gedanken oder Verhaltensweisen.

לעלוי נשמת יצחק בר׳ יהושע אזוגי ז״ל
נפ׳ ג׳ אלול תשמ״ג ת.נ.צ.ב.ה.

KAPITEL 13

DER LULAW

DIE SPRACHE DER BLUMEN

DER ANDERE RITUS DES *SUKKOTFESTS* IST DER *LULAW*. AN JEDEM TAG DES FESTES HÄLT MAN BEIM MORGENGEBET EINEN PFLANZENSTRAUSS, der aus den folgenden vier Pflanzenarten besteht:

– dem *Etrog*: einem Paradiesapfel, der wie eine Zitrone aussieht,
– dem *Lulaw*: einem Palmenzweig,
– der *Hadass*: drei Myrtenzweigen,
– der *Arawa*: zwei Bachweidenzweigen.

Der ganze Strauß trägt den Namen eines seiner Bestandteile: *Lulaw*.

Wenn man beim Morgengebet den Segen zu diesem Ritus spricht, hält man den *Lulaw* – mit drei Myrtenzweigen zur Rechten und zwei Bachweidenzweigen zur Linken des Palmzweiges – in der rechten Hand. Diese drei sind zusammengebunden. Den Paradiesapfel nimmt man in die linke Hand. Nach dem vorgeschriebenen Segensspruch legt man beide Hände zusammen und schüttelt die vier Bestandteile des Straußes in die vier Himmelsrichtungen sowie nach oben und unten. Am *Schabbat* wird der *Lulawritus* nicht ausgeführt. Dieser Ritus rührt aus der Tatsache her, daß *Sukkot* ursprünglich ein landwirtschaftliches Fest, eine Erntefest (*Chag haassif*) war. Es handelt sich darum, Gott für alle Pflanzenarten zu danken.

So ist der *Lulaw*, die Palme, ein Baum, der Früchte trägt, aber nicht duftet; die *Hadass*, die Myrte, trägt keine Früchte, hat aber einen angenehmen Duft; die Bachweide, die *Arawa*, bringt weder Früchte noch Düfte hervor, und der Zedratbaum trägt *Etrog*-Früchte und duftet.

Die Kommentatoren haben eine symbolische Deutung dieser Einteilung vorgeschlagen. Der Jude zeichnet sich durch seine Kenntnis der *Tora* (Duft) und durch seine Werke (Frucht), durch Geist (Duft) und Tat (Frucht) aus. Der *Lulawstrauß* stellt damit das jüdische Volk in seiner ganzen Vielfalt dar:

– Diejenigen, die praktizieren und studieren, werden – weil er Früchte trägt und Wohlgeruch ausströmt – durch den *Etrog* dargestellt.
– Diejenigen, die einfach ohne Nachforschungen praktizieren, sind der *Lulaw*, der Palmenzweig.
– Diejenigen, die studieren und den Geist der *Tora* besitzen, werden durch die Myrtenzweige dargestellt.
– Diejenigen schließlich, die nicht praktizieren und nicht studieren, werden durch die Bachweidenzweige symbolisiert.

Der Strauß, der mit seinen vier verschiedenen Pflanzen während des Rituals geschüttelt wird, unterstreicht, daß alle gleich sind, sofern sie am Aufbau der Gemeinde teilnehmen. Der Rabbiner ist nicht wichtiger als das einfache Gemeindemitglied, der Gelehrte braucht sich nicht seines Wissens zu rühmen. Was einzig und allein zählt, ist die Freude, in einem gemeinsamen Vorhaben zusammen zu sein.

Der *Lulaw* ist also das Symbol der Einheit und Solidarität des jüdischen Volkes.

KAPITEL 14

DIE CHANUKKIA

EIN BAUM DES LICHTS

IM ZWEITEN JAHRHUNDERT VOR DER CHRISTLICHEN ZEITRECHNUNG TRUGEN DIE JUDEN EINEN GROSSEN MILITÄRISCHEN UND GEISTIGEN SIEG ÜBER DIE griechischen Besatzer davon. Vollkommen gesiegt hatten sie, als sie den Tempel in Jerusalem wieder eingenommen, von den Schändungen der Besatzer gereinigt und den Leuchter, das Symbol des wiedergefundenen Lichts, angezündet hatten. Als der tragbare Tempel in der Wüste gebaut wurde, befahl Gott die Herstellung verschiedener Kultgegenstände, unter anderem die der *Menora*, eines siebenarmigen Leuchters. Seine Beschreibung in der Bibel (*Exodus* 25, 31–40) stellt eine Art Baum des Lichts dar. Dieser Leuchter war immer angezündet, ein ewiges Licht.

Im Laufe der Geschichte hat dieser Leuchter im jüdischen Bewußtsein – infolge eines außergewöhnlichen Ereignisses – eine besonders große Bedeutung erhalten.

Sprechen wir ein wenig von dieser Geschichte. Judäa, das zunächst unter persischer Herrschaft war, ging 333 v. d. Z. in die von Alexander dem Großen begründete griechische Herrschaft über.

Nach dem Tod Alexanders wurde dieses Reich unter seinen Generälen aufgeteilt. Der eine herrschte in Ägypten, der andere in Syrien. Nach einem Verteilungskampf wurde Judäa schließlich dem syrischen Reich eingegliedert, wo die Dynastie der Seleukiden herrschte. Antiochus IV. Epiphanes, dem die Juden den Beinamen Epimanes (der Verrückte) gaben, bestieg 175 v. d. Z. (3585 des jüdischen Kalenders) den syrischen Thron. Er war ein jähzorniger Tyrann, der die jüdische Religion verachtete. Er wollte die Einigung seines Reiches herbeiführen, indem er allen eine Einheitsreligion und -kultur aufzwang: den Hellenismus. Der jüdische Gottesdienst wurde verboten, die *Torarollen* beschlagnahmt und verbrannt, die Einhaltung der *Schabbatruhe*, der Beschneidung und der Speisegesetze unter Todesstrafe gestellt.

Die Juden waren gespalten. Auf der einen Seite verweigerten die *Chassidim* genannten Frommen, sich den von Antiochus erlassenen Gesetzen zu unterwerfen und fuhren trotz Lebensgefahr fort, die *Tora* zu lernen und die *Mizwot* auszuüben.

Auf der anderen Seite gab es die hellenistischen Juden, die zur Assimilation an die griechische Kultur und Religion neigten. Sie gaben die *Tora* und die Gebote gänzlich auf und widmeten sich der Kunst und den Spielen, die damals einen religiösen Anstrich hatten. Schließlich gab es noch die unentschiedenen Juden, die nicht wußten, ob sie den *Chassidim* oder den Hellenisten folgen sollten.

In dem kleinen Dorf Modiin, nicht weit von Jerusalem, lebte Matitjahu, Vater von fünf Söhnen.

Eines Tages kamen die Soldaten des Antiochus nach Modiin und errichteten auf dem Marktplatz einen Altar. Sie forderten alle Juden auf, zu

kommen und den griechischen Göttern Opfer zu bringen. Der angesehene Priester Mattatias (Matitjahu) ergriff das Wort und sprach: „Meine Söhne und meine Brüder wollen nicht vom Gesetz unserer Väter abfallen." Inzwischen trat ein hellenistischer Jude hin, um das Opfer darzubringen. Da ergriff Mattatias sein Schwert und machte ihn auf der Stelle nieder. Das war das Zeichen zum Aufstand. Die Söhne und Freunde des Mattatias fielen über die Offiziere und griechischen Soldaten her, sie töteten viele und schlugen die übrigen in die Flucht.

Die Juden zerstörten den Opferaltar und flüchteten in die Berge.

Bald schlossen sich sowohl die gläubigen als auch die unentschiedenen Juden Mattatias und seinen Söhnen in den Bergen an. So wurde dieser Aufstand zum Aufstand des ganzen jüdischen Volkes von Judäa.

Bevor er starb, versammelte der angesehene Priester seine fünf Söhne Jochanan, Schimon, Juda, Jonatan und Eleasar um sich und ermahnte sie, den Kampf fortzusetzen. Zum Führer der Truppen ernannte er Juda, der wegen seiner Tapferkeit Juda Makkabi (Makkabi = der Hammerschläger) genannt wurde. Vielleicht rührt dieser Beinamen von der Losung her, die seine Fahne zierte: Makkabi sind die Anfangsbuchstaben von *Mi-chamocha baelim adonaj*: „Wer ist wie Du unter den Mächtigen, o Herr!"

Die Soldaten des Antiochus, angeführt von Apolonius, Nikanor und Gorgias, tapfere Generäle an der Spitze einer starken Streitmacht, wurden nacheinander geschlagen.

Schließlich erreichten Juda und seine Männer Jerusalem und befreiten 165 v. d. Z. (3595 des jüdischen Kalenders) die Stadt. Der Tempel in Jerusalem war mit Götzenbildern geschändet worden. Die Gefährten des Juda Makkabi reinigten den Tempel, räumten die Götzen weg und erbauten einen neuen Altar, der am 25. des Monats *Kislew* im Jahre 3595 geweiht wurde.

Das war die Einweihung des Tempels oder *Chanukkat habajit*. Daher kommt auch der Name *Chanukka*, Einweihungsfest.

Chanukka bedeutet auch: „Sie ruhten sich am 25. (von ihren Feinden) aus." (1)

Nachdem die Makkabäer das *Bet hamikdasch*, den Tempel, gereinigt hatten, wollten sie das siebenarmige ewige Licht anzünden. Doch die syrischen Griechen hatten es gestohlen.

Da stellten sie einen provisorischen Leuchter her. Als sie ihn anzünden wollten, fanden sie nur ein einziges, vom Hohepriester versiegeltes Fläschchen reinen Öls vor. Doch statt wie sonst einen Tag, brannte es acht Tage. Von diesem Wunder des Ölfläschchens rührt das Lichtanzünden während des *Chanukkafests* her. Aber das wahre Wunder bleibt der Sieg einer handvoll Juden gegen starke und gut organisierte Streitkräfte, die den ganzen Orient unterworfen hatten. Das Symbol dieses geistigen und politischen Sieges, der Leuchter, hat sich im kollektiven Bewußtsein des jüdischen Volkes tief eingeprägt, es ist, mit dem Davidstern, das eigentliche Symbol des Judentums und des jüdischen Volkes.

Der Leuchter ist heute das offizielle Symbol des Staates Israel, ein Symbol des Widerstandes und der Wiedergeburt. In Gedenken an das *Chanukkawunder* zünden die Juden acht Tage lang Lichter eines solchen Leuchters an. Aber im Vergleich zum ursprünglichen Ereignis hat der Ritus eine Neuerung eingeführt.

Es wäre in der Tat logisch gewesen, einen siebenarmigen Leuchter acht Tage lang immer wieder anzuzünden. Das Bilderverbot schließt aber grundsätzlich auch das Verbot ein, die Gegenstände, die sich im Tempel befanden, nachzubilden. So haben die acht Tage des Wunders einen Leuchter mit acht statt mit sieben Armen hervorgebracht.

Durch den Ritus wurde noch eine zweite Abweichung eingeführt: die Lichter (es werden entweder Öllampen oder Kerzen verwendet) werden nach und nach und nicht gleichzeitig angezündet.

Am ersten Tag wird eine Kerze, am zweiten Tag werden zwei ... am achten Tag acht Kerzen angezündet. Dieser Fortschritt führt den Gedanken von der Notwendigkeit der Verbesserung, der ununterbrochenen Erneuerung ein. Nach dem Grundsatz der Schule Hillels: *Maalim bakodesch weein moridim*, „Man steigt in Heiligkeit auf und nicht ab."

Die Lampe oder Kerze, die dazu dient, die Lichter der *Chanukkia* anzuzünden heißt *Schamasch*, „der Diener". Sie wird ein wenig erhöht oder versetzt auf die Seite oder in die Mitte gestellt, damit sie nicht mit den täglichen Kerzen verwechselt wird.

Nach der *Kabbala* entspricht die Anzahl der angezündeten Lichter der Entfaltung des Gottesnamens EHJH, der Alef-He-Jod-He geschrieben wird und „ich werde sein" bedeutet. Der Name, der Zukunft bedeutet, wird in Bewegung gesetzt. Wir finden hier dasselbe Verhältnis zur Sprache wieder, das der „bewegten Sprache" zugrunde liegt und das wir im Zusammenhang mit den Riten des *Tallit* und der *Mesusa* erörtert haben.

Die Riten sind daher Erinnerungen an geschichtliche Ereignisse des jüdischen Volkes, aber auch die Inschrift des lebendigen Namens in die Materie der Welt. Der Name *Ehje*, der Alef-He-Jod-He geschrieben wird, entspricht den Zahlen 1, 5, 10, 5. Wenn diese Zahlen nach der Regel des *Chanukkalichtanzündens* summiert werden, dann kommen wir zu folgendem Ergebnis:

$$\begin{array}{c} 1 \\ 1 + 5 \\ 1 + 5 + 10 \\ 1 + 5 + 10 + 5 \\ \hline = \ 44 \end{array}$$

Dasselbe gilt für die Kerzen. Während der acht Tage von *Chanukka* zündet man insgesamt 44 Kerzen an (36 Kerzen + 8 Diener), die der numerischen Entwicklung des Namens „Ich werde sein" entsprechen.

Der Ritus erinnert lichtvoll daran, daß „die Vollkommenheit des Menschen in seiner Vervollkommnung besteht."

Es ist interessant festzuhalten, daß alle Quellen der *Chanukkageschichte* auf griechisch sind. So wird diese jüdische Erinnerung in einer anderen als der hebräischen Sprache überliefert, in einem anderen Kulturraum. Vielleicht ist auch das eine der Lehren des *Chanukkafests*. Erleuchtung ist nur im Gespräch der Kulturen miteinander möglich und nicht, wie eine einfältige und unbefangene Auffassung der Geschichte nahelegen könnte, in ihrer gegenseitigen Verwerfung. Die Lichter von *Chanukka* sind wie Hände aus Licht, ausgestreckt zum friedlichen Dialog.

(1) Diese Erklärung beruht auf folgendem Wortspiel: *CHANUKAH* wird aus *CHANA*, d. h. lagern, ein Lager aufschlagen, und *KH*, d.i. die Zahl 25, zusammengesetzt. (Anm. d. Übers.)

KAPITEL 15

TU BISCHWAT

DAS NEUJAHR DER BÄUME

TU BISCHWAT IST DAS NEUJAHR DER BÄUME. ES WIRD MIT EINEM FRÜCHTESCHMAUS UND DEM PFLANZEN NEUER BÄUME GEFEIERT. *Tu* bedeutet auf hebräisch die Zahl 15. *Tu bischwat* bezeichnet das Datum des 15. des Monats *Schwat*, der in der Regel ungefähr auf den Monat Februar fällt. Es ist das Neujahr der Bäume, eines der vier „Neujahrsfeste" des jüdischen Jahres. Es ist ein kleines, liebenswürdiges Fest, das das Ende des Winters anzeigt. Es ist Brauch, anläßlich dieses Fests mindestens fünfzehn Sorten von Früchten auf den Tisch zu bringen, angefangen mit den sieben Sorten aus Israel (*Schiwa haminim*): Korn, Gerste, Trauben, Granatäpfel, Feigen, Datteln und Oliven. Außer diesen Sorten gebührt der Frucht des Johannisbrotbaums, der zur Zeit der Stiftung dieses Fests in Israel sehr häufig war, und der des Mandelbaums, der als erster das Ende des Winters anzeigt und in der Mitte des Monats *Schwat* in voller Blüte steht, ein Ehrenplatz.

In einigen Gemeinden werden Hymnen vorgetragen, die nach einer mystischen Tradition speziell auf jede einzelne der sieben Sorten verfaßt worden sind. Dazu trinkt man, nach der gleichen Tradition, vier Becher Wein, die nach einer ganz bestimmten Anordnung bereitet werden. Der erste Becher enthält Rotwein, der zweite eine Mischung aus zwei Drittel Rotwein und einem Drittel Weißwein, der dritte ein Drittel Rotwein und zwei Drittel Weißwein, der letzte nur Weißwein.

Die rote Farbe stellt den *Din* dar, das ist die Strenge, Weiß symbolisiert die *Chessed*, das ist die Großzügigkeit. Die vier Becher Wein führen also ein Spektrum möglicher Verhaltensweisen vor, das von der unerbittlichsten Strenge zur größten Freigebigkeit reicht. Das ideale Verhalten ist das genaue Gleichgewicht zwischen *Din* und *Chessed*, zwischen Strenge und Großzügigkeit, ein Gleichgewicht, das man vielleicht nur finden kann, wenn man alle Möglichkeiten ausprobiert hat.

Um das Fest zu verschönern, bemüht man sich um die seltensten und schönsten Früchte: je mehr Früchte, desto besser.

Zu *Tu bischwat* pflanzt man in den Wäldern Israels Tausende junger Bäume. Alle Schüler des Landes beteiligen sich an dieser Tätigkeit, die die Wüsten wieder erblühen ließ … Es ist eine Art ökologisches Fest, das die Menschen der Natur näherbringt, das sie lehrt, sie zu lieben und zu respektieren. Im jüdischen Denken wird der Mensch mit einem Baum verglichen, der wächst und fruchtbar ist. Deshalb ist es zum Beispiel verboten, Bäume zu fällen, um einen Pfahlzaun zu errichten oder daraus Waffen herzustellen.

Macht Bäume, keine Waffen!

KAPITEL 16

DIE MEGILLA

DIE ESTERROLLE
PURIM: VERKLEIDUNG UND KARNEVAL

PURIM IST DER JÜDISCHE KARNEVAL. ER ERINNERT AN DEN SIEG DER JUDEN VON SUSA ÜBER HAMAN, DEN ANTISEMITEN. *PURIM* WIRD mit der Vorlesung des Buches Ester, der *Megilla*, und mit einem Festmahl gefeiert, zu dem man kostümiert erscheint. *Purim* findet am 14. *Adar* des jüdischen Kalenders statt (um den Monat März). Am Abend und am Morgen dieses Tages wird die Geschichte der Ester aus der *Megillat Ester* vorgelesen, die sich im dritten Teil der Bibel befindet. Die *Megilla* ist ein ganz von Hand mit einem Schreibrohr oder einer Gänsekielfeder auf einer Pergamentrolle geschriebener und in einem Gehäuse aufbewahrter Text. *Megilla* und Gehäuse haben zahlreiche künstlerische Einfälle angeregt.

Die Esterrolle wird zu *Purim* zweimal vorgelesen; einmal am Abend des 14. *Adar*, ein zweites Mal am nächsten Morgen, beide Male in Anwesenheit der Erwachsenen und der Kinder, die alle verkleidet erscheinen. *Purim* ist der Ursprung des Karnevals, insbesondere der Fastnacht. Es ist ein Fest der Befreiung und der Freude. Die Juden, die seit der Zerstörung des Tempels 586 v. d. Z. im Exil waren, hatten sich in Persien niedergelassen und lebten in guter, freundschaftlicher Nachbarschaft mit der eingesessenen Bevölkerung. Eines Tages erschien Haman, ein neuer Minister, der die Juden haßte und der beschloß, sie bis auf den letzten auszurotten.

Das Datum der Judenvernichtung hatte er durch das Los bestimmt. Das hebräische Wort für Los heißt *Pur*, daher der Name *Purim*, das „die Lose" heißt. Es fiel auf dem 14. des Monats *Adar* und Haman erhielt die Zustimmung des Königs Ahasverus, der gewöhnlich als Xerxes identifiziert wird. Aber die Frau des Königs, Ester, war selber Jüdin und ihr Onkel Mordechai war Mitglied des großen *Sanhedrins* und Exilarch am Hofe des Königs. Ester, Mordechai und das ganze jüdische Volk fasteten drei Tage lang. Ihrem gemeinsamen Einschreiten beim König war es zu verdanken, daß die Juden gerettet und Haman und seine Söhne gehängt wurden. Zum Andenken an dieses Fasten findet am 13. *Adar* das „Fasten Ester" statt. Zur Erinnerung an diese wunderbare Befreiung des jüdischen Volkes ist *Purim* ein Fest der Freude, das mit Gelagen, mit Kostümen, mit gegenseitigen Geschenken und Almosen für die Armen begangen wird.

Zu diesem Anlaß wird ein besonderes dreieckiges Gebäck zubereitet, das in den aschkenasischen Gemeinden „*Haman-Taschen*" oder „*Haman-Ohren*" genannt wird. Es ist ein mit Nüssen, Rosinen, Mohn oder, je nach Familientradition, mit anderen Zutaten gefülltes Gebäck. Die Verkleidung zu *Purim* ist so ähnlich wie zum Fasching: Jeder versucht, sich ganz unkenntlich zu machen. Weil am *Purim* die Juden durch ein Wunder nicht mehr die Verfolgten, sondern die Beschützten, nicht mehr die Verachteten, sondern die Verehrten waren, versucht man, ganz anders als gewöhnlich zu sein. Es wird empfohlen,

während des Festmahls von *Purim* so viel zu trinken, bis man nicht mehr zu unterscheiden weiß, wer wer ist: verachtet oder verehrt, Jude oder Haman? Eine Verwirrung der Identitäten, die es jedem erlaubt, sich neu zu erfinden und aus dem Gefängnis herauszukommen, in das er sich vielleicht eingesperrt hat.

Die Weisen des Talmuds erklären, daß das *Purimwunder* ein Wunder war, bei dem Gott verschwiegen und verborgen blieb. Der Name Gottes taucht in der *Megilla* tatsächlich nicht ein einziges Mal auf. Die ganze Geschichte stellt sich als eine Geschichte von Menschen dar, die ihr Geschick alleine meisterten ... Ester heißt eben: „Versteck". (1) Diese Verborgenheit wird in der Verkleidung erlebt.

(1) Wortspiel mit dem hebräischen Wort *HESTER*, das „Versteck" bedeutet. (Anm. d. Übers.)

KAPITEL 17

PESSACH

DAS JÜDISCHE OSTERFEST. „GEDENKE DES AUSZUGS AUS ÄGYPTEN“

PESSACH DAUERT SIEBEN ODER ACHT TAGE. WÄHREND DIESER ZEIT IST ES VERBOTEN, SAUERTEIGHALTIGE NAHRUNGSMITTEL ZU VERZEHREN. DESHALB WERDEN ungesäuerte Brote oder *Mazzot* gegessen. Dieser Feiertag beginnt mit einer ganz besonderen Mahlzeit, die *Seder* genannten wird und einer genauen Ordnung folgt. *Pessach* ist mit *Schawuot* und *Sukkot* eines der Wallfahrtsfeste. Es fällt auf den 15. *Nissan*, im allgemeinen im April, und dauert acht Tage (in Israel sieben). Die ersten beiden und die letzten beiden Tage sind Vollfeiertage, die vier dazwischen liegenden Tage sind Halbfeiertage und werden *Chol hamoed* genannt.

Pessach ist ein religiöses und zugleich ein landwirtschaftliches Fest. Es ist die Feier des Frühlings und der ersten Gerstenernte. Und es ist das feierliche Gedenken des Auszugs der Hebräer aus Ägypten und des Endes ihrer Sklaverei. Diese Erinnerung ist deshalb so wesentlich, weil der Auszug aus Ägypten das Gründungsereignis des jüdischen Volkes bildet. Die Juden waren bereits vierhundert Jahren in Ägypten versklavt, als Moses ihr Bedürfnis nach Freiheit weckte.

Zehn Plagen waren nötig, um den Pharao zu überzeugen, das Volk ausziehen zu lassen: Blut, Frösche, Ungeziefer, wilde Tiere, Pest, Geschwüre, Hagel, Heuschrecken, Finsternis und der Tod der Erstgeborenen.

Das Wort *Pessach* heißt „Überschreiten“, denn Gott hat bei der zehnten Plage die Häuser der Hebräer überschritten und ihre Erstgeborenen verschont. Durch eine „Sprengung“ des Wortes kann *Pessach* auch *Pe-Sach* gelesen werden, das heißt „der Mund, der spricht“. Es ist zu *Pessach* in der Tat geboten, über den Auszug aus Ägypten und alles was damit zusammenhängt zu erzählen.

Mehrere Gebote (*Mizwot*) sind mit *Pessach* verbunden. Das erste ist das Verbot, *Chamez* zu verzehren, zu besitzen oder auch nur zu sehen. Jedes Nahrungsmittel, das Sauerteig enthält und im weiteren Sinne jedes Nahrungsmittel, das Mehl einer der fünf Getreidesorten Korn, Gerste, Hafer, Weizen oder Roggen enthält, ist *Chamez*, weil diese Getreidearten gären.

Das zweite Gebot ist der Verzehr der *Mazza*, einem Brot ohne Sauerteig oder ungesäuertes Brot. Es ist ein Symbol der Freiheit aber auch der Armut. Ein Brot der Freiheit, denn es ist das Brot, das die Hebräer vor dem Auszug aus Ägypten vorbereitet hatten und das nicht mehr aufgehen konnte. Ein Brot der Armut, denn es ist das Brot, das die hebräischen Sklaven in Ägypten aßen.

Das dritte Gebot ist die Feier des *Seder* von *Pessach*. Während des *Seder* wird die Geschichte des Auszugs aus Ägypten nach der *Haggada* erzählt und die Symbole gezeigt, die auf der *Sederschüssel* liegen, um die Erzählung zu unterstützen.

Von der Freiheit erzählen, begründet die Freiheit des Erzählens, sich zu erzählen, sich neu zu erfinden ... Bis zum *Seder* sind viele Stufen der Vorbereitung notwendig. Lange vor dem Fest muß

קדש
ורחץ. כרפס. יחץ. מגיד
רחצה. מוציא מצה
מרור. כורך. שלחן עורך
צפון. ברך. הלל נרצה
שלום על ישראל

damit begonnen werden, alles aus dem Haus, aus dem Wagen und vom Arbeitsplatz zu schaffen, was *Chamez* enthält. Dieses große Saubermachen hat sich bis heute bei den Nichtjuden im großen Frühjahrsputz erhalten.

Am Abend des 13. *Nissan*, gleich nach Einbruch der Nacht, wird die *Bedikat chamez* vorgenommen: Bei Kerzenlicht werden alle Winkel genau nach *Chamez* durchsucht. Das gefundene *Chamez* wird am nächsten Morgen, in der Zeremonie des *Be'ur chamez*, verbrannt. Um zu vermeiden, daß versehentlich *Chamez* in unserem Besitz bleibt, wird vor dem *Be'ur chamez* das *Chamez* verkauft.

Am 14. *Nissan* müssen die erstgeborenen Knaben zum Andenken an den Tod der erstgeborenen Ägypter fasten.

Solange er aber noch nicht volljährig ist, fastet sein Vater an seiner Statt.

Am Abend des 14. *Nissan*, versammelt man sich um die Tafel, auf der die *Sederschüssel* prangt.

I. DER *SEDER*

DER *PESSACHABEND*. DIE *SEDERSCHÜSSEL*.

Auf einer großen Schüssel sind die symbolischen Speisen, die den ganzen *Pessachabend* über gezeigt, gekostet und gedeutet werden, angerichtet.

Der *Pessachabend*, das Familienfest im höchsten Sinne des Wortes, wird *Seder* (Ordnung) genannt, weil alles an diesem Abend einer genauen Ordnung folgt, die in dem, wie ein Programm zu lesenden Text angegeben ist.

Dieser Text, den jeder Teilnehmer bekommt, die *Haggada* von *Pessach*, ist ein Bestseller unter den jüdischen Büchern und hat viele Künstler inspiriert. In der Mitte des Tisches steht eine große Schüssel, die *Sederschüssel*, auf der alle Speisen, die für den Ablauf des Abends gebraucht werden, angerichtet sind. Der Sinn dieses Abends ist, in dramatischer Weise die Schlüsselerlebnisse des Auszugs aus Ägypten aufzuführen. Damit sollen sie im tiefsten Inneren nacherlebt werden und das echte Gefühl eines Augenblicks der Befreiung vermitteln.

Der *Seder* ist eine Zeremonie, bei der das Fragen, besonders das Fragen des Kindes in den Mittelpunkt gestellt wird.

Die Fragen betreffen ganz unerwartete Dinge und ungewöhnliche Verhaltensweisen: Warum ißt man *Mazza* (ungesäuertes Brot)? Warum bittere Kräuter? Warum soll man links angelehnt essen und trinken?

Um die Bedeutung der Fragen hervorzuheben, beginnen viele Sätze der *Haggada* mit dem hebräischen Wort *Ma* („Was?"). So lautet der berühmte Text der vier Fragen, auf den die Kinder am *Sederabend* ungeduldig warten, um ihn laut zu singen: *Ma nischtana halaila hase mikol halelot*, zu deutsch: „Warum unterscheidet sich diese Nacht von allen anderen Nächten?" Das ist die Frage, auf die die *Haggada* den ganzen Abend lang eine Antwort zu geben versucht.

Die *Sederschüssel* enthält alle Symbole des Fests: einen gebratenen Knochen, ein hartes Ei, eine Schale Salzwasser, ein *Charosset* genanntes Mus, die *Maror* genannten bitteren Kräuter (im allgemeinen wird Meerrettich benutzt, es können aber auch Bindesalat, Radieschen oder Endivien verwendet werden), Doldengewächse oder *Karpass* (Petersilie, Sellerie), und, in der Mitte der Schüssel, drei ungesäuerte Brote. Die Stellung dieser verschiedenen Speisen ändert sich je nach Tradition.

II. DER SINN DIESER SYMBOLE

1. Der gebratene Knochen erinnert an das Opfer des *Pessachlamms* am Abend des Auszugs aus Ägypten. Mit dem Blut dieses Tieres wurden die

הגדה של פסח
מעבדות לחרות

Türen der jüdischen Häuser bestrichen, damit sie vom Tod der Erstgeborenen verschont bleiben (die Schilderung dieser Ereignisse ist in der Bibel, *Exodus* 12 ff., zu finden). Das Opfer des Lamms war das erste Anzeichen für die Freiheit der Hebräer, denn das Lamm war für die Ägypter ein Gott. Das Wagnis, einen Gott zu opfern, war für ein Sklavenvolk eine Tat von ungeheurem Mut und vollkommenem Vertrauen.

2. Das harte Ei erinnert an das Opfer, das man zu jedem Wallfahrtsfest darbrachte und das *Korban hagiga* genannt wurde. Es ist auch ein Trauersymbol, das die Zerstörung des Tempels in Jerusalem in Erinnerung ruft.

3. Das *Charosset* ist ein Mus, das Mörtel ähnlich sieht. Es besteht aus zerdrückten Äpfeln, die mit Nüssen, Zimt, Rotwein und Ingwer vermischt werden (es kann auch aus Datteln, Nüssen und Äpfeln zubereitet werden). Das *Charosset* ist vorgeschrieben, um an die Ziegel zu erinnern, die die Hebräer für den Bau der Monumente und Städte des Pharao selber herstellen mußten.

4. Das *Maror*, bittere Kräuter, die je nach Tradition Bindesalat, Endivien, Radieschen, schwarze Radieschen oder auch Meerrettich sein können, erinnert an die Bitternis der Sklaverei. Denn die Ägypter begnügten sich nicht damit, die Hebräer sehr hart arbeiten zu lassen; sie quälten sie sowohl physisch durch die körperliche Erniedrigung als auch psychisch durch den Zwang, ihre Kinder dem sicheren Tod auszuliefern.

5. Der *Karpass*, ein Doldengewächse (Petersilie oder Sellerie), erinnert an die Blätter, die dazu verwendet wurden, die Türen der Hebräer mit dem Blut des *Pessachlamms* zu besprengen.

6. Das Schälchen mit Salzwasser erinnert an die Tränen und den Schweiß der in Ägypten geknechteten Hebräer.

7. Die drei *Mazzot* symbolisieren die drei Erzväter: Abraham, Isaak und Jakob oder die drei Kategorien des jüdischen Volkes: Kohen, Lewi und Israel.

Während des *Seders* werden vier Becher Wein getrunken. Sie erinnern an die vier Ausdrücke für Freiheit, die im biblischen Bericht vom Auszug aus Ägypten verwendet werden. (1) Um noch einmal auf diesen starken Freiheitsbegriff hinzuweisen, soll man die vier Becher auf der linken Seite angelehnt leeren, weil zur Zeit der Einrichtung des *Seder* (in der römischen Zeit) nur die freien Menschen auf einem Sofa ausgestreckt essen durften.

Das Ende des *Seder* wird durch den Verzehr des *Afikoman* angezeigt. Das ist ein kleines Stück *Mazze*, das versteckt und wieder gefunden wird. Das Wort *Afikoman* kommt aus dem Griechischen und heißt Nachtisch. Doch die chassidischen Meister bieten eine andere, vom aramäischen abgeleitete Etymologie an: *Afiku-man*, „Bringt die Frage hervor!"

Der *Seder* endet mit zahlreichen Liedern. Das berühmteste ist die Geschichte vom „Lämmchen, das mein Vater für zwei Suse gekauft hat ..."

Vom zweiten Tag des *Pessach* an zählt man Abend für Abend die neunundvierzig Tage bis *Schawuot* (Pfingsten). Dieser Zeitabschnitt heißt *Omer*.

(1) Der Verfasser bezieht sich auf *Exodus* 6, 6–7. (Anm. d. Übers.)

KAPITEL 18

LAG BAOMER

DIE WALLFAHRT ZU DEN GRÄBERN DER HEILIGEN; DIE SYMBOLE DER TRAUER UND DES TROSTES

DER ZEITABSCHNITT ZWISCHEN *PESSACH* UND *SCHAWUOT* (DAS JÜDISCHE PFINGSTEN) HEISST *OMER* UND DAUERT NEUNUNDVIERZIG TAGE. Der dreiunddreißigste Tag dieses Zeitabschnitts heißt *Lag baomer* und wird mit einer Reihe von Wallfahrten und ländlichen Feiern verbracht. Das Wort *Omer* bezeichnet ein Hohlmaß für Getreide, das in der biblischen Zeit benutzt wurde und ungefähr vier Liter betrug. Das Wort hat aber noch andere Bedeutungen: es bezeichnet die Zählung der neunundvierzigtägigen oder siebenwöchigen Periode zwischen *Pessach* (Ostern) und *Schawuot* (Pfingsten), und sie wird *Omer* genannt, weil am zweiten Tag von *Pessach* ein *Omer* Gerste als Erstlingsgabe im Tempel dargebracht wurde.

Lag baomer ist der dreiunddreißigste Tag des *Omer*. *Lag* wird auf hebräisch *Lamed-Gimel* geschrieben. *Lamed* hat den Zahlenwert dreißig und *Gimel* den Zahlenwert drei, *Lag* ergibt demnach 30 + 3 = 33, und *Lag baomer* heißt: dreiunddreißigster Tag des *Omer*. Die *Omerzeit* war ur-

sprünglich eine fröhliche Zeit, denn sie rief vor allem die Erwartung des Offenbarungsfests in Erinnerung: zwischen dem Auszug aus Ägypten und der Offenbarung der *Tora* sind neunundvierzig Tage vergangen. In diesem Zeitraum bereiteten sich die Hebräer auf den Empfang des Gesetzes vor. Hinzu kommt, daß, solange der Tempel stand, die *Omerzeit* eine mit der Ernte verbundene Freuden- und Festzeit war.

Nach der Zerstörung des Tempels verwandelte sich das *Omer* in eine Zeit der Trauer, in der auch keine Hochzeiten stattfinden dürfen. Wie ist es dazu gekommen? Dafür werden mehrere, je nach Schule, verschiedene Gründe angeführt, zum Beispiel folgende:

Im Jahre 132 der christlichen Zeitrechnung hielten die Römer das Land Israel besetzt. Einige Juden schlossen sich aber gegen die Besatzer zusammen und unter der Führung von Bar Kochba brach ein Aufstand aus. Es war der letzte Versuch, die Unabhängigkeit zu erringen. Rabbi Akiwa, einer der größten Gelehrten des *Talmuds*, sah in Bar Kochba den Messias und unterstützte den Aufstand bedingungslos. Die Römer schlugen ihn jedoch nieder und 135 fiel Bar Kochba nach heldenhaftem Widerstand in Betar. Danach metzelten die Römer zehn große Gelehrte, darunter Rabbi Akiwa, nieder. An diesen Aufstand, an sein Scheitern und an den Verlust dieser zehn großen Persönlichkeiten erinnert die Trauerzeit des *Omer*.

Noch aus einem anderen Grund, der ebenfalls mit Rabbi Akiwa zusammenhängt, wird Trauer getragen. Rabbi Akiwa hatte Tausende von Schülern, die der Ruhm Israels waren. Die Pest raffte sie während der *Omerzeit* dahin. Wie durch ein Wunder hörte die Seuche am dreiunddreißigsten Tag auf. Deshalb ist *Lag baomer* ein Halbfeiertag.

Derselbe Tag wird als Todestag von Schimon bar Jochai, einem der großen Begründer der *Kabbala*, betrachtet. Daher kommt die Gewohnheit, zu seinem Grab in Meron bei Safed in Galiläa zu pilgern. Diese Pilgerfahrt heißt *Hillula de Rabbi Schimon ben Jochai*. Sie wird heute in der ganzen Welt durch ländliche Ausflüge und Wallfahrten zu den Gräbern der Heiligen begangen.

Es ist Brauch, beim Besuch der Heiligengräber oder bei den Gräbern irgendeiner anderen Person einen kleinen Stein auf das Grab zu legen. Das hat mehrere Ursachen. Ein Wortspiel gibt eine originelle Erklärung dafür. Das hebräische Wort für Stein lautet *Ewen* und schreibt sich *Alef-Bet-Nun*. Aus diesen drei Buchstaben bestehen auch die Wörter Vater, *Aw*, und Sohn, *Ben*. Zusammengeschrieben werden sie *Ewen* gelesen: der Stein … Einen Stein hinlegen heißt, sich als Sohn in Abstammung und Gedächtnis zu dem Verstorbenen zu stellen.

KAPITEL 19

DAS KADDISCH

DAS TOTENGEBET UND DIE HEILIGUNG DES GÖTTLICHEN NAMENS. DIE SYMBOLE DER TRAUER UND DES TROSTES

DAS *KADDISCH* IST EINES DER BEKANNTESTEN JÜDISCHEN GEBETE. ES WIRD VON TRAUERNDEN GESPROCHEN. SEINE WAHRE BEDEUTUNG ist die Heiligung des göttlichen Namens, der trotz der Leiden und der Trauer weiter verehrt wird. Beim Verlust eines Verwandten gibt es verschiedene Trauerbräuche: Spiegel werden zugedeckt, Schuhe ausgezogen, man sitzt am Boden. Das *Kaddisch* ist ein sehr altes aramäisches Gebet, ein herrlicher Hymnus auf die Größe Gottes. Ursprünglich wurde die Lernsitzung mit dem *Kaddisch* beendet. Später wurde es in den synagogalen Gottesdienst eingeführt und diente hier zur Trennung und Gliederung der einzelnen Teile des Gebetes. Noch später wurde es von den Trauernden am Grab ihrer Eltern und Verwandten gesagt. Die Trauernden müssen es elf Monate nach dem Tod eines Verwandten, bei den täglichen Gottesdiensten morgens, nachmittags und abends in Anwesenheit von zehn Personen, eines *Minjans*, sagen. Das *Kaddisch* an sich enthält keine Anspielungen auf den Tod, aber bei einem Begräbnis wird ein Abschnitt hinzugefügt, der sich auf die Auferstehung der Toten bezieht. Das *Kaddisch* ist vor allem ein Lobeshymnus auf Gott, es deutet auf die „Heiligkeit" – vom Wort *Kaddosch*, „heilig". Die Trauernden loben die Größe Gottes, so, als ob sie Gott dazu auffordern wollten, den Verstorbenen in seine Obhut zu nehmen und ihn ohne Qualen im Jenseits zu empfangen. Das *Kaddisch* ist zu einem volkstümlichen Gebet geworden, das gleichbedeutend mit Trost ist. Es ist Brauch, daß die Jungen und insbesondere die Erstgeborenen dieses Gebet sagen. Auf jiddisch wird der Erstgeborene *Kaddisch* genannt, weil er vor allen anderen dazu berufen ist, dieses Lob zu sagen. Und wenn jemand kinderlos stirbt, sagt man, daß er keinen *Kaddisch* hinterlassen habe. Heutzutage sprechen Männer wie auch Frauen das *Kaddisch*.

Wenn man Kunde vom Ableben einer verwandten oder einer anderen Person erhält, spricht man den Segen: *Baruch dajan haemet*, „Gesegnet sei der wahrhaftige Richter." Beim Tod einer Person müssen die nahen Verwandten eines ihrer Kleider einreißen. Nach der Beerdigung begeben sich die Trauernden in das Haus des Verstorbenen oder in ein anderes Haus, wo sie die Trauerwoche einhalten können, und nehmen eine aus Brot und harten Eiern bestehende Mahlzeit ein. Als Zeichen des Mitgefühls und der Fürsorge ist es Aufgabe der anderen Gemeindemitglieder, für diese Mahlzeit zu sorgen.

KAPITEL 20

SCHAWUOT

DIE GESETZGEBUNG. DIE *JESCHIWA*: DAS LEHRHAUS

SCHAWUOT IST DAS FEST DER OFFENBARUNG, BEI DER DIE *TORA*, DIE ZEHN WORTE ODER ZEHN GEBOTE, gegeben wurden, und es ist eines der drei Wallfahrtsfeste. Das Wort bedeutet „die Wochen", weil dieser Feiertag die Zeit des *Omer* beendet, in der von *Pessach* an Tag für Tag sieben Wochen gezählt werden.

Der Feiertag dauert in Israel einen Tag, in der Diaspora zwei Tage. Nach dem jüdischen Kalender fällt er auf den 6. *Siwan* (normalerweise im Juni). *Schawuot* ist das Fest der Offenbarung, aber auch das Fest der Erstlinge und der Ernte. An diesem Tag sind alle Synagogen und Häuser mit Blumen, Früchten und Pflanzen geschmückt.

Die Offenbarung fand in der Wüste am Berg Sinai statt. Die Israeliten, die am Fuß des Berges versammelt waren, empfingen die zehn Worte, die sogenannten „Zehn Gebote", die die Grundsätze des Judentums bilden. Sie waren auf den Gesetzestafeln des Mose eingemeißelt. Die Überlieferung geht davon aus, daß die Israeliten an diesem Tag die ganze *Tora* mit allen 613 Gesetzen erhielten (365 Verbote und 248 Gebote). Sie waren dazu bestimmt, das Leben des jüdischen Menschen in seiner Familie, in seiner Gesellschaft und in seiner Umgebung zu regeln (siehe Einleitung).

In der Synagoge werden während des feierlichen Morgengebets zu *Schawuot* die zehn Worte verlesen und der Vortrag des Buches Rut, eine Anspielung auf die ländliche Erntezeit, hinzugefügt.

An diesem Feiertag ist es Sitte, ausschließlich Milchgerichte zu essen. Für diese Eigentümlichkeit sind verschiedene Gründe angeführt worden. Ein Grund hängt mit der weißen Farbe der Milch zusammen, die ein Sinnbild der Reinheit ist; ein anderer mit dem Datum des Fests am Anfang des Sommers, wenn es gesünder ist, leichte Mahlzeiten zu essen. Eine andere Erklärung ist: am 6. *Siwan* hatten die Israeliten gerade die *Tora* bekommen, einschließlich aller Gebote über die Tierschlachtung und die Trennung von milchigen und fleischigen Speisen. Sie hatten kein religionsgesetzlich erlaubtes Fleisch und keine tauglichen Geräte, deshalb aßen sie Milchgerichte, die keine lange Vorbereitung benötigten. Es wird auch erzählt, daß der 6. *Siwan* der Tag war, an dem der kleine Moses von der Tochter des Pharao aus dem Nil errettet wurde und nur die Milch einer jüdischen Frau trinken wollte.

Es ist üblich, die ganze Nacht von *Schawuot* bis zum frühen Morgen mit dem Studium der *Tora*, des *Talmud* oder auch der *Kabbala* zuzubringen.

Das Studium ist eine der Grundlagen – ja sogar die Grundlage – des Judentums. Es gehört zu den wichtigsten Pflichten im jüdischen Leben, dem *Torastudium* Zeit zu widmen.

Schildern wir jetzt einmal einen Besuch im Lehrhaus. Auf hebräisch heißt es *Bet hamidrasch* oder *Jeschiwa*. Wenn man an die heilige Stille in den Lesesälen der Bibliotheken gewöhnt ist, wird man beim Betreten des *Bet hamidrasch* gleich eine

תלמוד בבלי
תלמוד בבלי

Überraschung erleben. Man wird von einer erstaunlichen Mischung aus Geräuschen und Bewegungen empfangen: Unordnung, Lärm, ununterbrochenes Kommen und Gehen … Das Lehrhaus, das auch als Gotteshaus und sehr oft auch als Festsaal oder einfach als Speisesaal dient, ist der Mittelpunkt des intellektuellen und spirituellen Lebens. Einige Lehrhäuser nehmen Hunderte von Studenten in einem einzigen Saal auf – und alle studieren laut und gleichzeitig.

Bei den *Talmudstudenten* herrscht keine mönchische Ruhe. Das Schweigen ist nicht die Regel. Auf den selten ordentlich aneinandergereihten Tischen liegen in Hülle und Fülle alle möglichen Bücher aufgetürmt durcheinander, offen und geschlossen.

Die Studenten, sitzend, stehend, auf der Bank oder dem Stuhl kniend, beugen sich über den *Talmud*; einer neben dem anderen, öfter noch einer gegenüber dem anderen. Sie lesen laut, schaukeln von vorne nach hinten, von links nach rechts, die schwierigen Übergänge der Beweisführung mit ausladenden Bewegungen des Daumens anzeigend, heftig das Buch, den Tisch, ja sogar die Schulter des *Chawer* genannten Studiengefährten schlagend, fieberhaft in den Seiten eines Kommentars blätternd, den sie hastig aus den Regalen der riesigen, den Saal umgebenden Bibliothek geholt haben. Die Kämpfer in diesem „Krieg des Sinns" versuchen zu verstehen, zu deuten, zu erklären. Da sie glücklicherweise selten über den Sinn eines untersuchten Abschnitts einer Meinung sind, befragen sie den Lehrer, der sie anhört, der erklärt, Stellung zu den vorgeschlagenen Thesen bezieht und für kurze Zeit den leidenschaftlichen Kampf der Ratsuchenden beruhigt.

An einem etwas weiter abseits stehenden Tisch ist ein Student, die Arme auf dem *Talmud* verschränkt, eingeschlafen. Neben ihm schlürft ein anderer seinen Kaffee und raucht mit nachdenklicher Miene eine Zigarette, eine notwendige Sammlung nach dem Studium. Alles ist in Bewegung, im *Bet hamidrasch* gärt es ununterbrochen. Die Stimmen hallen Tag und Nacht in ihm wider, das unendliche Geräusch des Studiums …

KAPITEL 21

DIE SPEISEGESETZE

DIE GESETZE, NACH DENEN DIE *KOSCHERE* KÜCHE GEFÜHRT WIRD, STAMMEN AUS DER *TORA*

EINE DER GRUNDLAGEN DES JUDENTUMS WIRD *KASCHRUT* GENANNT. DIESES WORT BEZEICHNET GENERELL DIE Speisegesetze über den Verzehr der erlaubten oder verbotenen Tiere und der verbotenen Mischungen.

Einer der grundlegenden Bestandteile jeder Kultur ist die Ernährung und die Kochkunst. Das Gekochte verhält sich zum Rohen wie die Kultur zur Natur. Die Ernährung ist eine wesentliche Seite des Menschlichen, weil der Mensch von der Ernährung allmählich einen Zugang zu Wort und Denken fand.

Die Ernährungsriten erheben die Tischsitten, die die Geschichte der betreffenden Gruppe in Erinnerung rufen und überliefern, zu einer unverzichtbaren Gedächtnisstütze; sie tragen wesentlich zum Zusammenhalt der Gruppe bei.

Das grundlegende Speisegesetz des Judentums verbietet, neben den unreinen Tieren, die Mischung von Milch und Fleisch bzw. von Milch- und Fleischprodukten, um das Gebot: „Du sollst nicht kochen das Böcklein in der Milch seiner Mutter" zu erfüllen. (1) Dazu gibt es viele Erklärungen. Wir denken, daß es sich dabei um einen Ritus handelt, der Mutter und Kind trennt und somit symbolisch den Inzest verhütet.

Ferner muß jedes zum Verzehr bestimmte Tier von einer in den Schächtvorschriften (die *Schchita*) kundigen Person geschlachtet werden. Eine solche Person heißt *Schochet*. Er benutzt ein besonderes Messer, um den Tieren den Hals durchzuschneiden. Danach läßt er es ausbluten. Das Blut wird niemals verzehrt. Jedes Stück Fleisch wird in Wasser gelegt und eingesalzen, damit es völlig ausblutet, zuletzt wird es abgespült. Erst jetzt ist das Fleisch zum Verzehr geeignet. Das Blut wird nicht verzehrt, weil es als Sinnbild des Lebens und der Seele des Lebewesens gilt.

Seit der Zerstörung des Tempels stellt der Tisch den Altar dar und die Mahlzeit eine Erinnerung an das Opfer sowie an alle von den Priestern verrichteten Riten. Deshalb soll man nicht nur in einem sauberen, sondern auch in einem reinen Zustand essen.

Es gibt die Gewohnheit, sich vor jeder Mahlzeit, zu der Brot, das als Andenken an die Priesternahrung im Tempel gilt, gegessen wird, die Hände mit einem besonderen, *Keli* genannten Gerät, zum Zweck der Reinigung zu waschen.

Mit der *Kaschrut* treten wir in das Bündnis von Speisen und Wörtern (Siehe 1. Kapitel: Über das Verbot, die Spannader zu verzehren).

(1) *Exodus* 23, 19; 34, 26 und *Deuteronomium* 14, 21 (Anm. d. Übers.)

כשר
לפסח

KAPITEL 22

DIE MIKWE

DAS RITUALBAD

ES IST EINE ART KLEINES SCHWIMMBAD, DESSEN BAU GANZ BESTIMMTEN REGELN FOLGT; ES ENTHÄLT WASSER, DESSEN MENGE und Herkunft ebenfalls genau geregelt sind. Es dient zur Reinigung von Menschen und Gegenständen.

Die *Mikwe* muß mindestens 750 Liter Wasser enthalten. Das Wort *Mikwe* kommt im Vers 10 des ersten Kapitels der *Genesis* vor: „Und die Sammlung (*Mikwe*) des Wassers nannte er Meere." Das Wasser der *Mikwe* hat eine reinigende Wirkung. Es muß natürliches Wasser sein, das entweder aus einer Quelle, aus Regenwasser, aus Eis oder Schnee stammt. Meer-, Fluß-, See- oder Regenwasser aus einem Becken können ebenfalls zur Reinigung verwendet werden.

In der *Mikwe* werden Personen oder Gegenstände von Unreinheiten sehr unterschiedlicher Herkunft gereinigt. Die Unreinheit von Personen ist hauptsächlich mit dem Tod verbunden. So wird jede Person, die sich zusammen mit einem Toten unter einem Dach befindet, unrein. Die Monatsblutung, die sich aus der Nichtbefruchtung und dem Tod einer Eizelle ergibt, macht die Frau unrein. Der Geschlechtsverkehr ist während der Periode der Unreinheit, das sind die Tage der Monatsblutung und die folgenden sieben Tage ohne Blutung, verboten; er ist erst wieder nach dem Untertauchen der Frau in der *Mikwe* erlaubt. Die Pflicht der Frau, sich während Periode ihrer Unreinheit vom Geschlechtsverkehrs zu enthalten und danach in der *Mikwe* unterzutauchen, bildet das sogenannte Gesetz der Familienreinheit (*Nidda*-Gesetze). Das Untertauchen in der *Mikwe* wird *Twila* genannt.

Zur Zeit des Tempels waren die Gelegenheiten, etwas zu reinigen sowie sich selbst zu reinigen, zahlreich. Danach sind sie zwar seltener geworden, was die Bedeutung des Aktes aber nicht geschmälert hat.

So besuchen heutzutage die *Mikwe* vor allem: 1. Frauen am Vorabend der Hochzeit und verheiratete Frauen, die nach jeder Niederkunft und Monatsblutung untertauchen; 2. Leute, die sich zum Judentum bekehren; 3. bestimmte Männer am Freitag vor dem *Schabbat* oder am Vorabend von *Kippur*. Letzteres stellt aber keine Verpflichtung dar. Bei den *Chassidim* ist das Untertauchen in der *Mikwe* ein mystischer Akt der Wiedergeburt, der Vereinigung mit Gott und wird jeden Morgen vor dem Gebet mit großer Inbrunst ausgeführt, denn die körperliche Reinheit ist untrennbar mit der geistigen Reinheit verknüpft.

Kapitel 23

Die Chuppa

Der Traubaldachin

Die Hochzeit wird im Beisein zweier Zeugen gefeiert. Dabei steht das Brautpaar unter einem *Chuppa* genannten Traubaldachin. Die Familie, nicht der einzelne, bildet die kleinste Einheit der jüdischen Gesellschaft. Es ist eine aus der *Tora* stammende Pflicht, zu heiraten und Kinder zu zeugen. Die Familie wird mit dem Tag der Hochzeit begründet. Die mit der Hochzeit verbundenen Bräuche und Symbole sind sehr zahlreich und, je nach Herkunft der Gemeinde, sehr unterschiedlich. Die Trauringe etwa können vollkommen rund oder, nach einem kabbalistischen Brauch, außen eckig sein. In jedem Fall jedoch verfolgen alle Bräuche den gemeinsamen Zweck, Wohlwollen für das junge Paar zu bewirken und ihm eine fruchtbare Ehe zu wünschen.

Am Hochzeitstag üben manche den Brauch zu fasten. Sie betrachten diesen Tag wie *Kippur*. Er reinigt sie von allen vergangenen Verfehlungen, so daß sie rein wie Neugeborene unter den Baldachin treten. Die junge Braut ist einige Tage vor der Hochzeit in der *Mikwe* untergetaucht, um an diesem wichtigen Tag körperlich vollkommen rein zu sein. Oft ist sie in Weiß gekleidet, was aber nicht Pflicht ist. Diese Tradition, die heute in fast allen Ländern üblich ist, stammt ursprünglich von einem rabbinischen Gesetz, das den Brautleuten untersagt, sich zu kostspielig herauszuputzen, um nicht jene zu beschämen, die nicht die Mittel haben, schöne Kleider für ihre Hochzeit anzufertigen oder zu kaufen. Das weiße Hochzeitskleid ist eine Art „Uniform", die an diesem Tag die gesellschaftlichen Unterschiede auslöscht. So können sich alle Bräute wie Königinnen fühlen. Unter dem Traubaldachin wird die Trauung im allgemeinen von einem Rabbiner vollzogen. Er spricht über einem Becher Wein den Segen der Verlobung (*Erussin*) und der Trauung (*Kidduschin*). Die beiden Verlobten trinken aus dem Becher. Der Bräutigam (*Chatan*) steckt der Braut (*Kalla*) den Ring an den Zeigefinger der rechten Hand, während er die Trauungsformel spricht. Dann wird der *Ktubba* genannte Ehevertrag verlesen. Bei vielen Hochzeiten ist das auch der Augenblick der Ansprache. Dann folgt mit sieben Segenssprüchen über einem zweiten Becher Wein die Zeremonie der Vermählung. Sie wird gewöhnlich mit einer Handlung zum Gedenken an die Zerstörung des Tempels von Jerusalem beschlossen: der junge *Chatan* zertritt ein Glas. Die jungen Eheleute werden dann in einen abgeschiedenen Raum geleitet, wo sie einige Augenblicke allein bleiben, um einander ihre neue Vertrautheit zu bekunden.

Die Woche nach der Hochzeit ist eine Zeit der Freude. Im Laufe dieser Woche wird täglich ein Festmahl für die jungen Eheleute veranstaltet und mit den sieben Segenssprüchen der Vermählung beendet.

TU AIMERAS L'ETERNEL TON DIEU DE TOUT TON COEUR

KAPITEL 24

DIE KTUBBA

DER EHEVERTRAG

UNTER DER *CHUPPA* ÜBERREICHT DER RABBINER, ODER DERJENIGE, DER DIE TRAUUNG VOLLZIEHT, DEN JUNGEN BRAUTLEUTEN, DEM *CHATAN* UND DER *KALLA*, eine Heiratsurkunde, *Ktuwa* oder *Ktubba* genannt. Das Wort *Ktubba* bedeutet wörtlich „das Geschriebene", das ist eine Abkürzung für den Ausdruck „schriftliche Verpflichtung". Die *Ktubba*, die fälschlich mit „Ehevertrag" übersetzt wird, ist eine Scheidungsversicherung, mit der der Gatte sich verpflichtet, seiner Frau im Fall der Scheidung einen Geldbetrag auszuzahlen, von dem sie mehrere Jahre leben kann, und zwar so lange, bis sie sich wieder in einer sicheren Lage befindet.

Die *Ktubba* ist eine Standardurkunde, die vor der Vermählung vom zukünftigen Gatten vor zwei Zeugen unterschrieben und während der Vermählung der Braut überreicht wird. In dieser aramäisch verfaßten Urkunde werden die Pflichten des Gatten, vor allem seine finanziellen Pflichten, gegenüber seiner Frau, im Normalfall und im Scheidungsfall, aufgezählt. Die bis jetzt älteste bekannte *Ktubba* geht auf das 5. Jahrhundert vor der Zeitrechnung zurück und wurde im Süden Ägyptens entdeckt. Aus zwei wesentlichen Gründen gab die *Ktubba* Gelegenheit zu einer eigenen Kunst der Schönschreibung, Bebilderung und Ausmalung: die *Ktubba* unterliegt keinerlei Beschränkung hinsichtlich des Materials, der Größe oder der Form von Urkunde und Buchstaben. Ferner ist sie mit der Hochzeit, dem fröhlichsten aller Ereignisse verbunden. Da ist jedes Motiv, jede Farbe, jede Machart und jede Neuerung erlaubt.

Das Problem der *Ktubba* nimmt im talmudischen Recht eine bevorzugte Stellung ein. Ihm ist ein ganzer Traktat mit dem Titel *Ktubbot* gewidmet, der in allen Einzelheiten die juristischen Formen bei der Abfassung der *Ktubba* erörtert. Sehr viele rechtliche Fragen werden in diesem Rahmen berührt. Das geht so weit, daß der Traktat *Ktubbot* auch als *Schass katan*, *Miniaturtalmud*, bezeichnet wird.

קול ששון וקול שמחה קול חתן וקול כלה
לחכמי הגולה לחתן הנעלה ולכלה

KAPITEL 25

DIE BRIT MILA

DIE BESCHNEIDUNG

DIE *BRIT MILA*, ODER EINFACH *MILA*, IST EINE ZEREMONIE, MIT DER DER KNABE IN DIE GEMEINSCHAFT Israels eintritt. Das Wort *Mila* kommt vom Verb *Mul*, das „beschneiden", aber auch „gegenüberstehen" heißt; es ist noch einer anderen hebräischen Wurzel verwandt: *Mallal* – „sprechen". Durch die Beschneidung wird die Sprache in den Körper und der Körper des Kindes in die Sphäre der Sprache eingeführt. Die Beschneidung ist ein Bundeszeichen zwischen Gott und dem Volk Israel. Sie ist eine der Pflichten, die die Juden im Verlauf ihrer qualvollen Geschichte trotz aller Verfolgungen immer erfüllt haben. Die *Mila* besteht darin, jedem männlichen Neugeborenen im Alter von acht Tagen die obere Vorhaut abzuschneiden. Sie wird von einem *Mohel*, einem Fachmann für die Ausführung dieser Operation, vollzogen. In diesem Augenblick seines Lebens bekommt jeder kleine Junge seinen oder seine Vornamen.

Der erste Mensch, der in der Bibel beschnitten wurde, war Abraham, der zu diesem Zeitpunkt neunundneunzig Jahre alt war. Sein Sohn Ismael, der Erzvater des Islam, wurde mit dreizehn Jahren beschnitten, weshalb die Moslems mit dreizehn Jahren beschnitten werden. Isaak – sowie alle folgenden Generationen – wurde im Alter von acht Tagen beschnitten.

Die Zeremonie kann an jedem Tag der Woche stattfinden, einschließlich *Schabbat* und sogar am *Kippur*. Ist der Knabe aber zu klein oder noch gelbsüchtig, dann betrachtet man die *Mila* als eine Gefahr für ihn und verschiebt sie so lange, bis er sich außer Gefahr befindet. Während der Beschneidung wird das Kind auf einen besonderen hohen Stuhl gelegt, den sogenannten „Stuhl des Propheten Elia", denn die Tradition erzählt, daß der Prophet Elia zu jeder Beschneidung eingeladen ist.

Der *Mohel* besitzt von alters her gebräuchliche Geräte: das beiderseits geschärfte Beschneidungsmesser, den Kamm, der dazu dient, die Vorhaut von der Eichel zu lösen; den Schild (*Magen*), der dazu dient, die Eichel während des Schnitts zu schützen. Die Zeremonie schließt mit dem besonderen Segensspruch für die Beschneidung. Danach wird eine *Se'uda*, ein Gastmahl, veranstaltet.

Es wird auch jeder nichtjüdische Mann, der zum Judentum übertreten will, beschnitten. Ist er schon beschnitten, so reicht es aus, einen Tropfen Blut zu vergießen.

Wir denken, daß die Beschneidung den Eintritt des Menschen in den Bereich der Sprache ermöglicht, und zwar durch seine Unvollkommenheit. Die Beschneidung nimmt vom Menschen einen Teil, damit er die Erfahrung des Mangels macht. Das soll ihn dazu bringen, sich ständig zu entwerfen und neu zu erfinden.

הנה שלך לפניך

KAPITEL 26

DIE BARMIZWA

UND DIE *BATMIZWA*: DIE RELIGIÖSE MÜNDIGKEIT

DIE RELIGIÖSE MÜNDIGKEIT, MIT DREIZEHN JAHREN BEI DEN JUNGEN UND MIT ZWÖLF JAHREN BEI DEN MÄDCHEN, IST GELEGENHEIT ZU FRÖHLICHEN FESTLICHKEITEN, DIE diese wichtige Wende im Leben jedes Heranwachsenden unterstreichen.

Mit dreizehn Jahren erreicht der jüdische Knabe den Status eines in religiöser Hinsicht verantwortlichen Erwachsenen. *Barmizwa* bedeutet buchstäblich „Sohn der Pflicht". Das dreizehnjährige Kind hat künftig alle Pflichten eines erwachsenen Mannes und ist für all seine Handlungen und Übertretungen verantwortlich.

Der Montag oder Donnerstag, der nach dem jüdischen Kalender seinem Geburtstag entspricht oder folgt, ist Anlaß für ein religiöses Fest, bei welchem der Junge zum ersten Mal bestimmte religiöse Handlungen feierlich ausführt.

Vor allem legt er in der Synagoge die *Tfillin* an und betet zum ersten Mal mit ihnen. Künftig zählt er als vollwertiges Mitglied eines *Minjan*, jenen zehn männlichen Personen, die für das gemeinsame Gebet erforderlich sind.

Am *Schabbat* der *Barmizwa* kann der Knabe den Abend- oder Morgengottesdienst für die ganze Gemeinde vorbeten. Am Morgen, wird er zur *Tora* aufgerufen und es ist üblich, daß er den ganzen oder einen Teil des Wochenabschnitts liest (siehe 7. Kapitel: Das *Sefer Tora*). Es ist Brauch, am *Schabbat* oder auch unter der Woche eine *Se'uda* (Mahl) zu veranstalten. Bei dieser Gelegenheit hält der junge *Barmizwa* eine Ansprache, die seine Fähigkeit unter Beweis stellt, die Subtilitäten der traditionellen Kommentare zu verstehen.

Analog dazu wird für die Mädchen eine Zeremonie veranstaltet, die *Batmizwa* heißt. Sie findet anläßlich des zwölften und nicht, wie bei den Jungen, anläßlich des dreizehnten Geburtstags statt, weil man die Mädchen eher für reif hält als die Knaben. Erst seit kurzem ist auch die *Batmizwa* Anlaß zu einer Feier. Obwohl sich dieser Brauch immer mehr verbreitet, ist er noch nicht allgemein üblich.

KAPITEL 27

DIE KLEIDER-SITTEN

HÜTE, BÄRTE UND SCHLÄFENLOCKEN, PERÜCKEN UND KOPFTÜCHER

AUSSER DEM *TALLIT* UND DEN *TFILLIN*, DIE VERPFLICHTEND UND BEI ALLEN JUDEN NAHEZU GLEICH SIND, WECHSELN DIE JÜDISCHEN Kleidersitten je nach Gastland.

Einige Juden, die aus Osteuropa stammen, die *Chassidim*, haben die Kleidergewohnheiten des 18. Jahrhunderts beibehalten: schwarze Mäntel, Kniestrümpfe, mit breiten Pelzrändern besetzte Hüte, die sogenannten *Streimel*.

Andere, die aus der gleichen Gegend stammen, aber Jünger eines anderen Meisters sind, tragen immer schwarze Jacken und Hosen, weiße Hemden und breitkrempige Filzhüte nach der Mode der Jahrhundertwende. Einige Kleider werden nur gelegentlich getragen. So zum Beispiel die weißen Gewänder zu *Jom kippur*, oder der lange Rock des Vorbeters, der an die Gewänder der Hohepriester zur Zeit des Tempels erinnert.

Das Tragen des Bartes und der Schläfenlocken, *Peot* (auf hebräisch) oder *Peies* (auf jiddisch), geht ursprünglich auf das biblische Verbot zurück, das Gesicht mit scharfen und schneidenden Gegenständen zu berühren. (1) Symbolisch bedeutet es, daß das Antlitz des Menschen nicht angetastet, daß der Menschlichkeit des Menschen keine Gewalt angetan wird.

Bei den Frauen wird bei den Kleidern sowie bei der Kopfbedeckung hauptsächlich auf ein züchtiges Benehmen geachtet.

Die Kopfbedeckung kann einfach aus einem Tuch bestehen, wie bei den Frauen, die aus Nordafrika stammen, einer Perücke (*Scheitel*) bei den Frauen aus Osteuropa, oder einer Baskenmütze beziehungsweise einem kleinen Hut bei den moderneren jungen Frauen.

(1) Das Verbot wird ausdrücklich in *Levitikus* 19, 27 erwähnt. Vgl. auch *Levitikus* 21, 5 (Anm. d. Übers.)

KAPITEL 29

DER TEMPEL

UND SEIN ANDENKEN: DIE WESTMAUER ODER DIE SOGENANNTE KLAGEMAUER, DIE *KOTEL*

VON JEHER BRAUCHTEN DIE MENSCHEN BESONDERE ORTE FÜR IHREN KULT UND IHR GEBET. DIE HEBRÄER ERBAUTEN einen tragbaren Tempel, den *Mischkan* (Gotteswohnung), der sie vierzig Jahre durch die Wüste begleitete. Später wurde der Reisetempel durch einen festen, von Salomon errichteten Tempel ersetzt.

Der auf dem Berg Moria erbaute Tempel war das Gotteshaus von Jerusalem und Mittelpunkt des Kultes für das jüdische Volk.

König Salomon erbaute im 10. Jahrhundert vor der Zeitrechnung den ersten Tempel auf einem der Hügel von Jerusalem, eben jenem Berg Moria, den sein Vater David zu diesem Zweck erworben hatte. Die Arbeiten am Tempel dauerten sieben Jahre und es entstand ein Prachtbau, in dem das Allerheiligste, die Bundeslade, der Räucheraltar und der goldene Leuchter sowie zahlreiche andere Kultgegenstände, die Salomon hinzugefügt hat, untergebracht waren.

Mit seinem hohen Tor, seinen mit geschnitztem Zedernholz getäfelten Wänden und seinen mit festen Stäben versehenen Fenstern war der Tempel sechzig Ellen lang (27 m), zwanzig Ellen

breit (9 m) und dreißig Ellen hoch (13,5 m). Zur Bundeslade gelangte man durch eine Tür aus Ölbaum- und Zypressenholz, die mit Goldblech überzogen war. Im Allerheiligsten, dem weihevollsten Ort des Gotteshauses, waren die beiden Cherubim mit ausgebreiteten Flügeln, die in Zedern- und Ölbaumholz geschnitzten Palmen und blühenden Blumen mit reinem Gold überzogen. Der Boden, das Dach und die Wände waren ebenfalls mit Goldblech überzogen.

In die zwei vor dem Eingang des Tempels errichteten Säulen aus Bronze hatte Salomon die Namen *Jachin*, auf der rechten, und *Boas*, auf der linken, eingravieren lassen.

Solange die Herrschaft Salomons dauerte, war der Tempel der Mittelpunkt des Kultes für das ganze Volk. Es wurden die täglichen Opfer sowie die *Schabbat*- und Festopfer dargebracht. Dreimal jährlich, anläßlich der Wallfahrtsfeste, begab sich das ganze Volk zum Tempel, um die besonderen Festopfer darzubringen.

Nach dem Tod König Salomons kam es zu einer Spaltung des Reiches und der Tempel verlor seine zentrale Bedeutung.

Dieser erste Tempel wurde 586 vor der Zeitrechnung von Nebukadnezar zerstört. Von Esra und Nechemia wurde er wieder aufgebaut und 516 vor der Zeitrechnung eingeweiht. Der zweite Tempel wurde durch Herodes erneuert und vergrößert, 70 n. d. Z. von Titus und seinen Truppen jedoch zerstört.

Die Tradition berichtet, daß der erste Tempel wegen des Götzendienstes, der Blutschande und des Blutvergießens zerstört wurde, der zweite wegen des grundlosen Hasses unter den Juden. Der Tag der Zerstörung des ersten und des zweiten Tempels, der 9. des Monats *Aw*, ist für das jüdische Volk ein großer Trauer- und Fasttag.

Unmittelbar nach der Zerstörung des zweiten Tempels erbauten die Lehrer der Tradition einen anderen, einen unsichtbaren Tempel, den Tempel des Geistes und des Studiums. Das war das Werk von Jochanan ben Sakkai. Er bat den zukünftigen römischen Kaiser Vespasian nur um eines: „Gewähre mir Jawne, wo ich meine Schüler lehren werde." Er errichtete einen „unsichtbaren Bau", der nie wieder zerstört werden konnte: eine lebendige und erneuerungsfähige Kultur, das Studium der Texte und die unendliche Bewegung ihrer Deutung.

KAPITEL 30

DER MAGEN DAVID

DER DAVIDSTERN

DER DAVIDSTERN ODER *MAGEN DAVID* IST HEUTE DAS BEKANNTESTE SYMBOL DES JUDENTUMS UND DES JÜDISCHEN VOLKES. WÖRTLICH bedeutet *Magen David*: „Schild Davids". Es ist eine geometrische Figur, die aus zwei ineinandergeschobenen gleichschenkeligen Dreiecken besteht. Dieses Zeichen, das in einen Kreis eingeschrieben werden kann, war mehrere Jahrhunderte vor der Zeitrechnung zahlreichen Völkern geläufig.

Erst im 14. Jahrhundert wurde dieses geometrische Motiv in einem kabbalistischen Werk endgültig mit dem Ausdruck *Magen David* assoziiert. Es wurde im allgemeinen zum Schutz vor bösen Geistern und schädlichen Kräften verwendet. Erst jüngst zum Symbol des jüdischen Volkes geworden, erscheint es auf allerlei Kultgegenständen von Europa bis zum äußersten Rand Rußlands.

In seinem *Stern der Erlösung* setzt Franz Rosenzweig jede Spitze des Sterns mit einem Grundgedanken in Verbindung: Die Schöpfung, die Offenbarung und die Erlösung, Gott, die Welt und die Menschheit.

Der *Magen David* wurde 1897 vom ersten zionistischen Kongreß als Sinnbild gewählt und später zum zentralen Motiv der israelischen Fahne; die *Menora*, das eigentlichere und ursprünglichere Motiv, symbolisiert den Staat.

Was dem *Magen David* jedoch die Weihe eines wirklichen Symbols verliehen hat, ist nach Gershom Scholem der Ausschluß und die Erniedrigung, die Vernichtung, die Entwürdigung und das Grauen, das Millionen durch den gelben Stern gezeichnete Menschen in die Gaskammern, in die äußersten Leiden und Schrecken geführt hat. Unter diesem Zeichen wurden die Juden ermordet, und unter diesem gleichen Zeichen, das würdig geworden ist, den Weg zum Leben und zum Aufbau zu erleuchten, sind sie nach Israel gekommen. Denn gerade dort, wo das Zeichen seine letzte Erniedrigung erfuhr, gewann es seine Größe. (1)

(1) Gershom Scholem: *Das Davidschild. Geschichte eines Symbols*. In: *Judaica I*, Frankfurt a. M. 1968, S.117–118. (Anm. d. Übers.)

DANKSAGUNG

Ich möchte vor allem meiner Frau Dory Rotnemer danken, die uns mit ihrer Anwesenheit, ihrer wertvollen Hilfe und ihren klugen Ratschlägen während dieser spannenden Arbeit sehr unterstützt hat. Dieses Buch wäre ohne die stets zurückhaltende, aber wirksame Arbeit von Philipp Sebirot, dem Aufnahmeassistenten von Laziz Hamani, nicht möglich gewesen. Es ist für uns eine große Freude, all denen zu danken, die uns bei der Verwirklichung dieses Werkes geholfen haben, sei es, daß sie uns den Zugang zu gewissen Stätten ermöglicht, sei es, daß sie uns Kunst- oder Kultgegenstände, manchmal sogar Sammelstücke zur Verfügung gestellt haben.

Insbesondere müssen wir uns bei den Herren Elie Partouche, dem Schatzmeister der Synagogengemeinde der Chasse-loup-Laubat-Straße, und R. Maurice Nezni, dem Rabbiner dieser Synagoge, bedanken. Ebenso bei Emilie und Guy Fellons, die sich hingebungsvoll um diese Synagoge kümmern. In dieser Synagoge haben wir den betenden Mann mit *Tallit*, *Zizit* und *Tfillin* aufgenommen, die *Mesusa*, die Bundeslade, das *Sefer Tora*, die Hand des *Sefer*, die *Mappa* und den Schmuck des *Sefer*, die *Megilla* und die *Chuppa*. Der *Magen David* (Seite 127) schmückt einen Stuhl dieser Synagoge. Der Zugang zur Synagoge von Carpentras wurde durch die Genehmigung von Jacques Ouaknin, des Oberrabbiners von Marseille, ermöglicht. Ihm sei im Namen der ganzen Mannschaft gedankt. Besonders danken wir auch dem Vorsitzenden der Gemeinde von Carpentras. Wir haben diese schöne Synagoge (Seite 33) und die anliegende *Mikwe* (Seite 105) aufgenommen. Der Oberrabbiner Max Warschavski und seine Frau haben uns großzügig mehrere Sammelstücke wie die *Sederschüssel* und die *Chanukkia* geliehen. Beiden sei hier herzlich gedankt. Wir danken insbesondere auch Raw Elijahu Zohaï, der uns mit großer Freundlichkeit den Zugang zu seiner Schreibwerkstatt ermöglicht hat. Die Aufnahme auf dem Schutzumschlag wurde in seiner Werkstatt in Jerusalem gemacht.

Von den *Chassidim* der *Jeschiwa* von Brazlaw wurden wir freundlich aufgenommen, ihnen sei hier gedankt. Die Aufnahmen der *Jeschiwa* wurden in der *Jeschiwa* des *Merkas Haraw Kook* in Jerusalem gemacht. Wir danken den Händlern und Antiquitätenhändlern von Paris und Jerusalem, die uns Kunstgegenstände zur Verfügung gestellt haben:

– dem Geschäft Alexander (Ben-Jehuda-Straße, Jerusalem), das uns die *Schabbatleuchter*, die Kultgegenstände für die *Hawdala* und die *Ktubba* zur Verfügung gestellt hat;

– dem Geschäft Diasporama, das uns den *Kidduschbecher* geliehen hat.

Den Studios Prunelle sei hier herzlich für die Aufnahmeräume, die sie uns freundlicherweise zur Verfügung gestellt haben, gedankt. Die Aufnahmen der *Sukka* und des *Lulaw* wurden in der Rambam-Synagoge im 17. Bezirk von Paris gemacht. Die *Purimmasken* hat uns Frau Amsilli aus Marseille gegeben. Ihr sei herzlich gedankt. Die aufgenommenen *Haggadot* (Seite 89) wurden uns von Herrn und Frau Max Assouline und Herrn Ernest Assouline zur Verfügung gestellt. Die Synagoge (Seite 52) ist die Rabbi-Jochanan-ben-Sakkai-Synagoge im jüdischen Viertel in der Altstadt von Jerusalem. Der Stuhl von Elijahu Hanawi steht in einem dieser Synagoge anliegenden Raum. Die Aufnahmen der Gräber wurden auf dem Ölberg gegenüber der Altstadt von Jerusalem gemacht. Ich schließe mich Laziz Hamani an, um Herrn Momi Boussidan zu danken, der uns den Zugang zur Rambam-Synagoge gestattet hat. Und wir danken dem Konsistorium von Paris (dem ACIP), dem Photolabor Publimod Photo und dem Studio Daniel Delisle, die alle auf ihre Weise zu Verwirklichung dieses Buches beigetragen haben.